AF313800

CATALOGUE

D'UNE COLLECTION

D'ESTAMPES ANCIENNES

DE TOUTES LES ÉCOLES

PORTRAITS

COSTUMES ET CARICATURES

COMPOSANT LA

Collection de M. le D^r C***

Dont la vente aux enchères publiques aura lieu

HOTEL DES COMMISSAIRES-PRISEURS, RUE DROUOT, N° 9.

SALLE N° 3

Les Vendredi 16 et Samedi 17 Avril 1886

A UNE HEURE ET DEMIE

ET LE SOIR A HUIT HEURES PRÉCISES

<table>
<tr><td>Me MAURICE DELESTRE</td><td>M. J. BOUILLON</td></tr>
<tr><td>Commissaire-priseur</td><td>M^d d'estampes, Succr de CLEMENT</td></tr>
<tr><td>27, rue Drouot, 27.</td><td>rue des Saints-Pères, 3.</td></tr>
</table>

PARIS — 1886

CATALOGUE

D'UNE COLLECTION

D'ESTAMPES ANCIENNES

DE TOUTES LES ÉCOLES

PORTRAITS

COSTUMES ET CARICATURES

COMPOSANT LA

Collection de M. le D^r C***

Dont la vente aux enchères publiques aura lieu

HOTEL DES COMMISSAIRES-PRISEURS, RUE DROUOT, N° 9.

SALLE N° 3

Les Vendredi 16 et Samedi 17 Avril 1886

A UNE HEURE ET DEMIE

ET LE SOIR A HUIT HEURES PRÉCISES

Par le ministère de Me **MAURICE DELESTRE**, Commissaire-Priseur,
27, rue Drouot, 27.

Assisté de **M. JULES BOUILLON**, Marchand d'Estampes de la Bibliothèque
Nationale, successeur de CLÉMENT. rue des Saints-Pères, 3.

PARIS — 1886

CONDITIONS DE LA VENTE

La vente se fera au comptant.

Les acquéreurs payeront *cinq pour cent* en sus des enchères, applicables aux frais.

M. J. Bouillon, chargé de la vente, se réservé la faculté de rassembler ou de diviser les lots.

—

ORDRE DES VACATIONS

DÉSIGNATION

ESTAMPES

ÆNÆ (P.)

1 — *Blancardus* (Nicolaus), in-fol. en manière noire. Belle épreuve.

AGNELLI (F.)

2 — Vue de la cathédrale de Milan. Belle épreuve.

3 — *Menochius* (J.), Jurisconsulte, in-8°. Belle épreuve.

ALBERTI (Ch.)

4 — Les quatre saisons de l'année (B. 101-104), superbes épreuves. — Un génie ailé debout sur un globe. (B. 146). Cinq pièces.

ALDEGRAVER (H.)

5 — Les Danseurs de noce, 1538. (B., 160-171), suite de douze pièces dont nous n'avons que neuf. Belles épreuves.

6 — Quatorze enfants dansant en rond au son du violon et de la trompette (B. 252). Belles épreuves.

ALIX et JANINET

7 — Buffon. — Brutus. — Henri IV. Trois portraits in-fol. en couleur. Belles épreuves.

ALMANACH

8 — Vignettes pour un almanach de poche, représentant des
scènes du jeune âge. Huit pièces coloriées.

ALMELOVEN, BONON ET CANALETTI

9 — Différents paysages (B. 22, 24, 25, 26), — Ruines, —
Vue de Venise. Six pièces gravées à l'eau forte.

AMAND-DURAND

10 — Héliogravures d'après Rembrandt, Berghem, Ruis-
dael, Potter, Durer, Van Dyck, etc., huit pièces.

AMMAN (JOSSE)

11 — Différentes figures de guerriers, suite de huit pièces
(B. 6). Belles épreuves.

ANONYMES

12 — La foire de Beson. Pièce rare, in-4°. Belle épreuve.

13 — Le Magnétisme animal, importante découverte par
M. Mesmer, docteur en médecine, de la faculté de Vienne
en Autriche. Pièce curieuse, coloriée. Epreuve avec
marge.

14 — Acrobates, suite de huit pièces. Belles épreuves.

15 — La Glorieuse entrée du Nonce à Paris au mois d'août
1732. Très belle épreuve.

16 — *Lépée* (Ch. M. de), instituteur des sourds et muets, in-4°.
Très belle épreuve.

17 — *Pompadour* (la marquise de) représentée assise, dans un
médaillon rond, jouant de la harpe. Pièce rare gravée à
l'eau-forte. Très belle épreuve, marge.

18 — Médaillon où sont représentés les principaux personnages de la Révolution, que le Temps détruit avec sa faux.

ANSELIN (J.-L.)

19 — La Belle Jardinière (Madame de Pompadour), d'après C. Vanloo, superbe épreuve, toute marge.

AUDRAN

20 — Diverses figures hiéroglyphiques peintes par Raphaël d'Urbin dans une des salles du Vatican à Rome, 13 pièces en 1 vol. in-fol. veau.

AVELINE

21 — Vue de Paris à vol d'oiseau. Très belle épreuve, avec marge.

BARTOLOZZI (F.)

22 — Vénus Bathing, d'après Cipriani. Belle épreuve.

23 — *Kauffmann* (Angelica), d'après Reynolds, in-fol. Très belle épreuve.

BASSET (A Paris, chez)

24 — Exécution de Louis Capet XVI° du nom, le 21 janvier 1793. Grande pièce in-fol, en largeur, considérée comme une des plus authentiques relatives à ce fait mémorable. Très belle épreuve coloriée.

BAUDOUIN (d'après)

25 — Rose et Colas, par Simonet. Superbe épreuve, marge.

BEATRIZET (Nicolas)

26 — Les Vices tirant à la cible, d'après Michel-Ange (Pass. 116). Très belle épreuve avant l'adresse de Lafrery.

BEAUMONT (Édouard de)

27 — L'Opéra au dix-neuvième siècle. — Les Vésuviennes. — Les femmes en révolution. — Les jolies femmes de Paris, 67 pièces. Très belles épreuves.

BEAUVARLET (J.-F.)

28 — Les enfants du roi de Sardaigne, d'après Drouais. Très belle épreuve.

BEHAM (H.-S.)

29 — Deux pièces de la suite de l'Enfant prodigue. (B. 33, 34). Belles épreuves.

30 — Saint Philippe et saint Jacques le majeur (38). — Saint Marc (56), — Trajan (82). — Les trois femmes au bain (208). — Les travaux d'Hercule etc., 8 pièces.

31 — La jeune femme accompagnée d'un bouffon, 1541 (B. 49). Très belle épreuve.

32 — La même estampe. Belle épreuve.

33 — Léda, 1548 (B. 112). Très belle épreuve.

34 — La Bonne Fortune, 1541 (B. 140). Deux très belles épreuves, dont une du premier état.

35 — La Bonne Fortune, 1541. — La Fortune contraire (B. 140. 141). Deux pièces. Très belles épreuves.

36 — Les noces de village (B. 154-163), suite de dix pièces dont nous n'avons que six. Belles épreuves.

37 — Le Banquet (B. 164), — Des Paysans qui se battent (B. 165). Deux pièces. Très belles épreuves.

38 — Noces de village (B. 166, 177). Cinq pièces de la suite.

39 — Le Bouffon et les deux couples d'amoureux (B. 212). Superbe épreuve du 1er état.

40 — Tête de cheval (218), — Etude d'une tête d'homme, 1542 (219). Deux pièces. Belles épreuves.

41 — L'Alphabet romain (B. 229), — Le Petit bouffon (B. 230). Deux pièces. Très belles épreuves.

BEHAM (H.-S.)

42 — La Vierge assise sous une tente (B. 121 des pièces gravées sur bois).

43 — La Vierge assise sous un arbre (B , 123). Très belle épreuve.

44 — La Lune (B., 183). Belle épreuve, sans l'encadrement.

45 — Adam et Eve (Passav., 172). Pièce imprimée en clair obscur. Très belle épreuve. Rare.

46 — La même composition. Copie A. Belle épreuve.

BEHAM (Attribué à H.-S.)

47 — Le Vieux séducteur. L. 0,251 h. 0,250. Pièce non décrite, gravée en clair obscur de trois planches. Très belle épreuve, collection Didot.

48 — Dieu donnant la bénédiction nuptiale à Adam et Eve. — Titre de livre, non décrit. Très belle épreuve, collection Didot.

BEISSON (Ét.)

49 — *Marat*, d'après Boze, in-fol. Superbe épreuve avant la lettre, toute marge.

BELLA (Della)

50 — La Perspective du Pont-Neuf de Paris. Bonne épreuve.

BENAZECH (d'après)

51 — Sujets relatifs à la mort de Louis XVI, de Marie Antoinette et de Mme Elisabeth, cinq pièces gravées par Silanio. Belles épreuves.

BENOIST (G.-Ph.)

52 — Petit (Antoine) célèbre médecin. Deux épreuves, dont une du premier état, avant toutes lettres.

BERAIN (d'après)

53 — Costumes de ballets. Trois pièces gravées au trait. Très belles épreuves.

BERTHAULT

54 — Vue Intérieure de Paris, représentant le port Saint-Paul, prise du quay des Ormes, vis-à-vis l'ancien bureau des coches d'eau, d'après L'Espinasse, — Vue perspective de la place Louis XV et du pont de Louis XVI. Deux pièces. Très belles épreuves.

BERTONNIER

55 — Madame *Boulanger*, d'après Rouget, in-4°. Très belle épreuve avant la lettre, marge.

BINCK (J.)

56 — Loth et ses filles. (B., 4). Très belle épreuve.

BINET (d'après)

57 — Promenade du soir, dans les galeries du Palais-Royal, in 8°, par Bovinet. Belle épreuve avant la lettre.

58 — Tableau comique; répétition du matin, par Bovinet, in-8°. Belle épreuve. Rare.

BLOEMAERT (C.)

59 — Deux Apôtres, d'après Raphaël. Très belles épreuves.

DE BLOIS ET BLOEMART

60 — Cornelius *Stalpart*, in-8°. — *Favreau*, en buste dans une bordure ornementée. Deux portraits in-8° et in-4°. Belles épreuves.

BLOOTELING ET GOLE

61 — Les Sens, d'après Dusart, Teniers et Bega, 8 pièces gravées à la manière noire. Très belles épreuves.

BOCKENS (Harman)

62 — Calendrier solaire pour l'année 1607. Belle épreuve.

BOEL (Coryn)

63 — Les singes, suite de six pièces et un titre, d'après Teniers. Très belles épreuves.

BOILLY (d'après)

64 — Réunion de portraits d'artistes, par **A.** Clément. Belle épreuve.

BOILLY et **M**ᵘᵉ **GÉRARD** (d'après)

65 — Le Bouquet chéri, — Le Triomphe de Minette. Deux pièces gravées par Chaponnier et Vidal. Belles épreuves.

BOISSIEU (J.-J. de)

66 — Les Petits charlatans. Deux épreuves, dont une très rare, avant l'astérisque.

BONASONE (J.)

67 — Silène monté sur un âne, se soutenant de chaque côté sur un faune. (B., 88). — Deux satyres amenant au roi Midas, Silène qui s'était égaré (89). — La coupe d'or trouvée dans le sac de Benjamin. Copie par le maître au monogramme P. V. (B., 1). Trois pièces. Belles épreuves.

68 — Flore au milieu des nymphes, d'après J. Romain. (B., 111). Très belle épreuve.

BONASONE, DAVENT (L.), etc.

69 — La Vierge sur des nues (B., 62), — Des hommes et des femmes occupés à cultiver un jardin (B., 43), etc. Trois pièces. Belles épreuves.

BONNART, MARIETTE et TROUVAIN

70 — La Princesse de Savoye, — la marquise du Roure, — la marquise de Richelieu, — Mlles Loison se promenant aux Thuileries, — la comtesse d'Olonne. — etc., six pièces. Belles épreuves.

BONNET (L.)

71 — Bazile et Laurette, d'après Aubris, en couleur, Belle épreuve.

BOREL (d'après)

72 — Le Charlatan, gravé en couleur par L'Eveillé. Très belle épreuve.

BOREL et ULM

73 — Les mois de l'année, suite de treize pièces dont un titre, gravés à l'eau-forte. Belles épreuves.

BOSIO (D.)

74 — La Bouillotte. Très belle épreuve en couleur, marge.

BOSSE (A.)

75 — Larcher (Michel). (554). Belle épreuve.

76 — Les cinq sens, suite de cinq pièces (G. D. 1071-1075.) Superbes épreuves avec l'adresse de Mél^{er}. Tavernier, marge.

77 — L'Ouïe (1071), — La Vue (1072), — Le Goût (1074), — Le Toucher (1075), quatre pièes. Belles épreuves.

78 — La Virilité (1080), — L'Automne (1084), — L'Hiver (1085), trois pièces. Belles épreuves.

79 — Le Prévôt des marchands, suivi des échevins de la Ville de Paris, vient complimenter le roi Louis XIII sur la prise de La Rochelle (1187). Très belle épreuve.

80 — L'Infirmerie de l'hôpital de la Charité de Paris (G. D., 1266), superbe épreuve, avec grande marge.

BOSSE (A.)

81 — La même estampe. Belle épreuve, sans marge.

82 — L'hôtel de Bourgogne (1268), superbe épreuve avec
l'adresse de Le Blond, marge.

83 — Le Contrat (1374), — La Mariée reconduite chez elle
(1375), — L'Accouchement 1376), trois pièces. Belles
épreuves.

84 — Le Peintre, — Le Sculpteur, — Le Graveur, —l'Impri-
meur, suite de quatre pièces (G. D., 1385-1388). Très
belles épreuves.

85 — La Saignée (1391), — Le Clystère (1392), deux pièces.
Très belles épreuves, marges.

86 — La Saignée (1391), — Le Barbier (1396), — Le Patis-
sier (1397), trois pièces. Belles épreuves.

87 — Les Femmes à table en l'absence de leurs maris (1399).
Belle épreuve.

88 — Aux Buveurs très illustres et Hauts Crieurs du Roy boit.
Suite de vingt-quatre petits sujets gravés sur une planche
(G. D., 1404). Superbe épreuve avec marge. Très rare.

89 — Visiter les malades, — Visiter les prisonniers. — Don-
ner à manger à ceux qui ont faim, trois pièces. Belles
épreuves.

90 — Les Métiers, — L'Eau, — L'Air, — Costumes, etc.
6 pièces.

91 — Vertus de saint François de Paule, recueillis de la bulle
de sa canonisation, frontispice, in-4°. Très belle épreuve,
marge.

BOTH (J.)

92 — Les Sens, suite de cinq pièces d'après André Both
(B., 11-15). Belles épreuves.

BOUCHARDON (d'après E.)

93 — La Veue, — L'Odorat. — L'Ouye, — Le Goût, quatre pièces gravées par Caylus. Belles épreuves.

94 — Les Sens, — Amour sur un Dauphin, — Un Chasseur se saisissant d'un ours, — Un Athlète arrêtant un lion, — Nymphes et Satyres, etc., 14 pièces gravées par Caylus. Belles épreuves.

BOUCHER (d'après F.)

95 — L'Agréable leçon, — Les Charmes de la vie champêtre, — Etude. Trois pièces gravées par Gaillard, Daullé et Nochez. Belles épreuves.

96 — Foire de Campagne, par Cochin. Très belle épreuve, marge.

97 — Paysage avec bergers sur le devant, gravé par Gaillard, superbe épreuve avant la lettre, marge.

98 — La Quêteuse de grand chemin, par Ingram. Belle épreuve, marge.

99 — Cythère assiégée, — Paysanne des environs de Ferrare, — Paysan passant l'eau. — Vénus et les Amours. Cinq pièces, gravées par Cochin, Jeaurat, Demarteau, etc.

100 — *Favart* (Mᵐᵉ), actrice, par Chedel, in-8°. Très belle épreuve avant la lettre.

101 — Le Doux entretien, — Nymphes au bain, — Vénus et l'amour. Trois pièces gravées aux trois crayons, par Bonnet et Demarteau. Belles épreuves.

102 — Groupe d'amours sur des nuages, — Deux frises d'amours sur une même feuille, — Deux pièces gravées à la sanguine, par Demarteau. Très belles épreuves.

103 — Têtes de femmes. Deux pièces faisant pendants, gravées aux trois crayons, par Demarteau. Très belles épreuves.

BOUCHER (d'après F.)

104 — Vénus et l'Amour, gravé à la manière du pastel, en couleur, par Bonnet. Belle épreuve.

BOUCHER, BOUCHARDON ET LEPRINCE (d'après)

105 — La Jardinière, — Source de Science, — Jeune femme à sa toilette. Trois pièces gravées à la sanguine, par Jubier et Demarteau. Belles épreuves.

BOUCHER, GRAVELOT, WATTEAU, PARROCEL ET BOUCHARDON (d'après)

106 — Costumes, Études de têtes, Académies, vingt-trois pièces imprimées à quatre sur une même feuille. Superbes épreuves, grandes marges.

BOUCHER ET AUTRES (d'après)

107 — Les cris de Paris et d'Italie. Dix-huit pièces.

BOULANGER, HAUSSARD, ETC.

108 — *Laigneau* (David), — *Morand*, — *Chauvin* (Stephanus). Trois portraits in-4 et in-fol. Belles épreuves.

BOUTTATS (G)

109 — Verbeeldinghe vanden triumphanten Jaerlycksen ommeganck van Antwerpen, in-fol. en largeur. Très belle épreuve.

BRADEL (J.-B.)

110 — *Eon de Beaumont* (la Chevalière d'), in-fol. Très belle épreuve.

BREEN, SADELER, GHEYN (J. DE), ETC.

111 — Costumes, scènes de mœurs, etc. — Quinze pièces.

BREUGHEL (d'après P.)

112 — Le Bal, — l'Astronomie, — La distribution des pains. Trois pièces.

BRUYN (Nicolas de)

113 — La Passion de Jésus-Christ, d'après Goltzius. Dix pièces d'une suite de douze.

114 — Bustes d'empereurs romains, avec entourages d'ornements, sur fond noir, etc. Huit pièces. Très belles épreuves.

115 — Vignettes dans lesquelles sont représentées des Fables d'Esope et des combats d'animaux. Deux suites de six pièces chacune. Très belles épreuves.

BRY (J.-Th. de)

116 — Fête vénitienne, pièce de forme ronde. Belle épreuve.

117 — La Fête de village, d'après Beham, pièce en forme de frise. Très belle épreuve.

118 — Marche de soldats; au milieu, le porte drapeau. Pièce en forme de frise. Très belle épreuve.

119 — Marche de soldats suivis de la Mort. Pièce en forme de frise. Belle épreuve.

120 — Frises avec mascarons et attributs. Quatre pièces. Très belles épreuves.

BURKE

121 — *Eon de Beaumont* (The chevalier d'), d'après Huquier, in-fol., en manière noire. Très belle épreuve, marge.

CALAMATTA (L.)

122 — *Sand* (George), in-8. Superbe épreuve avant la lettre, sur chine.

CALLOT (J.)

123 — Le Benedicité (M. 65). Très belle épreuve, marge.

124 — Charles *Delorme*, médecin (M. 506). Très belle épreuve. Rare.

CALLOT (J.)

125 — Les grandes Misères de la guerre, suite de dix-huit pièces (M. 564-581). Très belles épreuves du deuxième état, avant que les mots Israël excudit aient été enlevés. Grandes marges.

126 — La Rencontre à l'épée, — La Rencontre au pistolet (M. 595-596). Deux pièces. Belles épreuves.

127 — Les Deux pantalons (M. 626). Très belle épreuve.

128 — Les Supplices (M. 665). Très belle épreuve.

129 — La Noblesse. Suite de douze pièces (M. 673-684). Belles épreuves.

130 — La Petite vue de Paris (M. 702). Très belle épreuve du 2e état, marge.

131 — Portrait de Callot, gravé par Abraham Bosse (G. D. 1234). Très belle épreuve.

132 — Les Grandes misères de la guerre, — Les Bohémiens, — La Petite vue de Paris. Vingt-neuf pièces, copies et originaux.

133 — Les Deux grandes vues de Paris, — La Grande chasse, — Martyre de Saint-Sébastien. Six pièces.

134 — Les Mendiants, pièces de la Passion et de la vie de l'Enfant prodigue. Trente-huit pièces.

CALLOT, LE BAS ET HOGARTH

135 — La Foire de Florence, — Les Plaisirs flamands, d'après Teniers, — Chairing the Members. Quatre pièces dont une double. Très belles épreuves.

CARICATURES

136 — Le Bon genre. Cinquante et une pièces en couleur. Très belles épreuves.

CARICATURES

137 — Vingt et une pièces de la même suite, en couleur, en
1 vol. in-fol., oblong.

138 — Le Musée grotesque. Soixante pièces, par G. de Cari,
publiées chez Martinet. Très belles épreuves coloriées.

139 — Le Volant, — Les Quatre coins, — Les Malheurs de la
vaccine, — La Dindonnade, — La Promenade après di-
ner. Cinq pièces, dont quatre coloriées.

140 — Les Quadrupèdes, — Sujets grotesques, — Galerie de
grotesques, — L'esprit du xixe siècle, — L'Auteur sifflé,
L'auteur applaudi, — La Débauche, — Les Coulisses de
l'Opéra, — Sortie du Salon, — Le Café des Comédiens,
— Les Oies de frère Philippe, — A Longchamps, 1822,—
Le Colin Maillard, — Marche de Carnaval, etc., etc. —
Quarante-neuf pièces publiées chez Martinet, Basset, Cha-
ron, etc., en 1 vol. in-fol., cart.

141 — Encore des ridicules, — Tableaux de Paris, — Galerie
des Epicuriens, — Le Goût du jour, etc., etc. Quinze
pièces lithographies coloriées.

142 — Les Ridicules du jour, — Le Serment des claqueurs, —
Cris de Paris. — Caricatures parisiennes, etc. Quinze
pièces coloriées.

143 — Le Démocrite du siècle, — L'Auteur applaudi et pièces
de mœurs. Six pièces coloriées.

144 — Album comique et autres. Dix-neuf pièces.

145 — Caricatures hollandaises. Trois pièces coloriées.

146 — Caricatures sur Napoléon, Talleyrand et Cambacérès.
Dix pièces coloriées.

147 — Caricatures sur Cambacérès et d'Aigrefeuille. Douze
pièces coloriées.

148 — Sujets tirés du journal *la Caricature* et autres. Quatorze pièces.

CARMONA (S.)|

149 — La Vendange, — Le Vin. Deux pièces d'après Murillo.
Belles épreuves, marges.

CARÊME (Ph.)

150 — Fête villageoise. Pièce très rare, gravée au trait et la-
vée au bistre par l'artiste.

CATHELIN (L.-J.)

151 — *Sacchini* (Antonio), d'après Jay, — *Piccini* (Nic.), d'a-
près Robineau, — *Grétry* (A.-E.-M.), d'après Mme Lebrun.
Trois portraits in-fol. Très belles épreuves.

152 — *Eon de Beaumont* (La chevalière d'), d'après Ducreux.
in-fol. Superbe épreuve, marge.

CAYLUS (Le comte de)

153 — *Falconet* (Cam), médecin et littérateur. Belle épreuve.
Rare.

154 — Recueil de testes de caractère et de charges, dessinées
par Léouard de Vinci, florentin, et gravées par M. le
C. de C., 1730. 1 vol. in-4, cartonné, avec texte.

CHAMBARS (Th.)

155 — *Eon de Beaumont* (La chevalière d'), d'après R. Cosway.
In-8. Très belle épreuve.

CHARDIN (d'après)

156 — La Jeune fille à la raquette, par Lépicié (E.-B., 29).
Très belle épreuve, marge.

CHATAIGNER (d'après)

157 — La Séparation, par Cholet. Très belle épreuve, en couleur.

CHATAIGNER et POISSON

158 — Costumes des fonctionnaires de la République sous le Consulat. Dix pièces coloriées. Très belles épreuves.

CHAUFOURIER (d'après J.)

159 — Vue d'une partie de la ville de Paris, depuis le carrefour Saint-Germain-de-l'Auxerrois jusqu'à l'hôtel de Conty, gravé par Duperone. Belle épreuve.

CHAUVEAU et CREPY

160 — *Rabelais* (François), docteur en médecine. Trois portraits in-8, dont un double. Belles épreuves.

CHAUVEAU, FERDINAND et HOOGHE (R. de)

161 — Le Pauvre badin, — Le Secours de la paix aux nations oppressées par la guerre et la misère, — Le Retour de la paix, — La Belle Constance dragonnée, par Arlequin Déodat, etc.

CHENU

162 — *Favart* (Mme), actrice, d'après Garand. In-8. Très belle épreuve.

CHÉREAU (J.)

163 — Jeune femme lisant une lettre, d'après Detroy. Très belle épreuve.

CHEREAU (A Paris, chez)

164 — Les Sens. Suite de cinq compositions pour dessus de tabatières. Très belles épreuves, marges.

CHODOWIECKI (D.)

165 — Les Effets de la sensibilité sur les quatre différents tempéraments. Belle épreuve.

COCHIN (d'après C.-N.)

166 — *Clicquot-Blervache* (M.), — *Cayeux* (P.), — *Mariette* (P.-J.), — *Philidor*, — *Struensée* (J.-F., comte de), cinq portraits in-4, par Saint-Aubin, Lempereur, etc. Belles épreuves.

167 — *Clicot de Clerval*, — *Coustou* (Guillaume), — *Pierre* (J.-B.-M.), — *Pigalle* (Jean-Baptiste), — *Mondonville* (J.-J Cassanea de). Cinq portraits in-4 gravés par Saint-Aubin et Moitte. Très belles épreuves.

168 — *Dumont* (F.), — *Marco* (P.-J.), — *Monet*, — *Marmontel*. Quatre portraits in-8, par Saint-Aubin. Belles épreuves.

169 — *Maloët* (P.-M.), — Morand (S.-F.), — *Silvestre* (Louis de). Trois portraits in-4, par Saint-Aubin et Watelet. Belles épreuves.

170 — *Marigny* (Le marquis de), représenté en buste au milieu de figures allégoriques, gravé par Prevost. In-8.

171 — *Reynal* (Guillaume-Thomas), gravé par D. Très belle épreuve.

COLINET et DELATRE

172 — *Saint-Huberti* (Mme), de l'Académie royale de musique, — *Colombe* (Mlle), de la Comédie-Italienne. Deux portraits in-8, d'après Le Moine. Belles épreuves.

CONDÉ (J.)

173 — *Eon de Beaumont* (La chevalière d'). Deux portraits différents. In-8. Belles épreuves.

CORT (Corneille)

174 — Jésus et la Samaritaine, — La Visitation, — La Nativité. Trois pièces. Très belles épreuves. Signées au verso par P. Mariette.

COSTUMES

175 — Coiffures. Neuf petits médaillons sur une même feuille, coloriées. Rare.

COSTUMES

176 — Costumes de 1786, d'après Le Clerc. Sept pièces.

177 — Costumes français. Neuf pièces publiées chez Chereau, coloriées. Rares.

178 — Costumes français, faisant partie de la même suite, en noir. Dix-sept pièces. Très belles épreuves, marges.

179 — Costumes et coiffures pour deux almanachs de poche, fin du dix-huitième siècle. Vingt-huit pièces. Très belles épreuves.

180 — La Promenade du matin, — Le Seigneur et la Dame de cour, — Radamiste et Zénobie, scène de théâtre, — Robe anglaise avec une calèche de gaze rayée. Quatre pièces. Très belles épreuves.

181 — Costumes de 1796, 1797 et 1798, publiés en partie chez Guyot. Huit pièces. Rares.

182 — Costumes parisiens, publiés par la Mésengère; de 1798 à 1830. Cinq cents pièces.

183 — Costumes parisiens, — Revue des modes. Cent pièces.

184 — Modes parisiennes. Vingt-huit pièces en couleur.

185 — Paris-Coquet, costumes d'actrices, par Léon Sauly. Dix pièces.

186 — Costumes français et étrangers de la fin du dix-huitième siècle. Vingt-huit pièces.

COURTIN, JEAURAT et GRIMOU (d'après)

187 — L'Amour médecin, — L'Espagnol, — L'Opérateur Bari, — La Fleuriste, etc. Cinq pièces gravées par Mathey, Flipart, Balechou, Demarcenay, etc. Très belles épreuves.

COUTELLIER

188 — *Contat* (M^llo), de la Comédie-Française, dans le rôle de Suzanne, du *Mariage de Figaro*. In-4 en couleur. Superbe épreuve, marge.

COUVAY

189 — Le Beau séjour des cinq sens, — Le Palais des facultés de l'âme. Deux pièces, d'après Huret. Très belles épreuves.

COYPEL (Cu.) d'après

190 — Modes, mois de février. Deux pièces. Belles épreuves. Rares.

COYPEL, ENDLINGER, GESSNER, BOSSI, ETC.

191 — Satyre et Amours, — Jupiter et Léda, — Vénus et l'Amour, etc. Huit pièces. Belles épreuves.

CRANACH (LUCAS)

192 — Repos en Egypte (B., 4). Pièce imprimée en clair obscur. Belle épreuve.

193 — Martyre des apôtres saint Pierre, saint André, saint Thomas et saint Simon (B., 37, 38, 43 et 46). Quatre pièces. Belles épreuves.

194 — Saint Christophe (B., 58). Belle épreuve. Restaurée.

195 — Sainte Anne prenant l'enfant Jésus des bras de la sainte Vierge (B., 68). Belle épreuve.

196 — Sainte Marie l'Egyptienne (B., 72). Belle épreuve.

197 — Marc Curce se précipitant dans un gouffre (B., 112). Belle épreuve.

198 — Un Sauvage marchant à quatre pattes (B., 115). Belle épreuve. Rare.

199 — Jeune homme à cheval (B., 116). Belle épreuve.

CRANACH (Lucas)

200 — Un Cavalier avec une dame en croupe (B., 117). Belle épreuve.

201 — *Melanchton* (Philippe), en pied (B. 153). Belle épreuve.

CUERENHERT (D.)

202 — Figures tirées des angles de la chapelle Sixtine, d'après Michel-Ange, vingt pièces. Belles épreuves.

DALEN (Cornelius Van)

203 — *Delebœ* (Fr. Sylvius), médecin, in-fol. Superbe épreuve.

204 — *Delebœ-Sylvius* (F.), médecin, in-fol. Très belle épreuve.

205 — Le même portrait. Très belle épreuve.

206 — *Tulp* (Nicolas), médecin, in-4. Très belle épreuve sans le nom du graveur, marge.

DANCKERTS (Henri)

207 — *Screvelius* (Ewald), médecin, d'après D. Bailly, in-fol. Très belle épreuve.

DANIELLY (W.)

208 — *Eon de Beaumont* (La Chevalière d')., in-fol. Très belle épreuve.

DARCIS (L.)

209 — La République triomphante, petite pièce in-4. Très belle épreuve.

DARET

210 — *Condé* (Claire-Clémence de Maillé-Brezé, princesse de), in-4. Belle épreuve, marge.

DAULLÉ (J.)

211 — *Gendron* (Claude Deshayes), oculiste, d'après Rigaud (Del. 24). Très belle épreuve avant la lettre, mais avec les noms des artistes.

DAULLÉ (J.)

212 — *La Peyronie* (Franç. Gigot de), chirurgien, d'après H. Rigaud (Del. 58). Très rare épreuve d'un premier état, non décrit, avant la lettre et avec retouches au crayon de la main du graveur.

213 — *La Peyronie* (Franç. Gigot de), chirurgien. — *Gendron* (Claude Deshayes), oculiste. Deux portraits in-fol., d'après Rigaud. Belles épreuves.

214 — *Pélissier* (Mlle), d'après Drouais, in-fol. Très belle épreuve.

DAULLÉ et DREVET

215 — *Hecquet* (Ph.), d'après Le Belle, — *Verduc* (Jean-Baptiste), d'après Charpentier. Deux portraits in-8. Belles épreuves.

DAVID (C.)

216 — *Jeanne d'Arc* représentée à mi-corps, tenant une épée de la main droite, in-fol. Très belle épreuve.

DAVID (d'après Louis)

217 — Habit civil du citoyen français, — Habit du citoyen français dans l'intérieur, — Habit militaire, etc. Six pièces gravées par Denon, coloriées; une est double, avant la lettre; en noir. Très belles épreuves.

DEBUCOURT (P.-L.)

218 — Minet aux aguets. Superbe et très rare épreuve avant toute lettre, d'une grande fraîcheur.

219 — Modes et manières du jour. Cinq pièces en couleur. Très belles épreuves.

220 — Brigands enlevant une jeune fille. Pièce en largeur, avec bordure. Épreuve avant la lettre. Rare.

221 — Route du marché, d'après C. Vernet, en couleur. Très belle épreuve, marge.

DEBUCOURT (P.-L.)

222 — La marchande de coco, d'après C. Vernet, en couleur
Très belle épreuve, marge.

223 — Il n'y a pas de feu sans fumée, — La marchande de
Saucisses, — La marchande d'eau-de-vie, — La toilette
d'un clerc de Procureur, — La marchande de coco. Cinq
pièces en couleur, d'après Vernet.

224 — Mameluck porte-étendart, — La partie de plaisir. Deux
pièces en couleur, d'après Vernet.

DECAMPS (d'après)

225 — Le Héron, — Le pont rustique, — La grenouille et le
bœuf, — Chiens de chasse, — L'Ile des peupliers, — La
chasse au cerf, etc., neuf pièces, gravées par Marvy,
Collignon et lithographiées par Decamps. Très belles
épreuves.

DELAUNAY

226 — Expérience faite à Versailles en présence de leurs ma-
jestés, par M. Montgolfier, le 19 septembre 1783, — Ma-
chine aérostatique... qui s'est élevée à Paris avec deux
hommes, le 19 octobre 1783. Deux pièces in-8. Belles
épreuves.

DELAUNAY ET Mlle NIEL

227 — Vues de Paris. Cinq pièces gravées à l'eau-forte.

DELAUNE (ÉTIENNE)

228 — La Divinité, — La Science, etc. (R. D. 158. 166). Suite
de huit pièces dont nous n'avons que cinq.

229 — Ornements sur fond noir, quatre pièces. Très belles
épreuves.

DE MARCENAY

230 — Venus coupant les ailes de l'Amour, d'après Le Brun.
Belle épreuve avant la lettre.

DENNEL

231 — La vertu irrésolue, — Comparaison du bouton de rose. Deux pièces faisant pendants, d'après Saint-Aubin et Mme Le Brun. Belles épreuves.

DENON (N.)

232 — Madame *Vigée Lebrun*, d'après elle-même, in-4. Très belle épreuve.

233 — Portraits de femmes et d'enfants, gravés à l'eau-forte. Neuf pièces.

234 — Les Lions, d'après Quadal. Épreuve du premier état, avant les noms au burin.

DESCOURTIS

235 — Histoire de Paul et Virginie. Quatre pièces gravées en couleur d'après Schall. Très belles épreuves.

DESPLACES (L.)

236 — *Duclos* (Mlle), d'après N. de Largillière, in-fol. Très belle épreuve.

DESRAIS (d'après C.-L.)

237 — L'indisposition d'une jolie femme à l'issue du bal. Très belle épreuve. Rare.

DESROCHERS

238 — La Tour, — Fleschier, — De La Quintinie, — Ch. Le Brun, — F. de Troy, — E. Le Sueur, — D. Huet, — F. Mansart, — J. Varin, etc., dix portraits in-8.

DIVERS

239 — Bonaparte, — Moreau, — Mirabeau, — Winslow, etc., huit portraits in-fol. et in-8, par divers graveurs.

DIVERS

240 — *Broussais,* — P. de *Candolle,* — *Scarpa,* — F. *Doublet,* E.-J. *Bourdois,* — M. Luther. Six portraits in-8 et in-4, par Mecou, Roger, Garavaglia, Bovet et Bonvoisin. Belles épreuves.

241 — J. Cossiers, — Mercœur, — R. de Graaf, — Josephus Quercetanus, — Nicolas Tulpius, etc. Treize portraits in-8 et in-4. Belles épreuves.

242 — Mme Dubarry, — Mlle Taglioni, — Mme de Montespan,— Humboldt, — Prud'hon, — Mlle Mars, — Pinel, — Ambroise Paré, — Mlle Georges, — Le prince Napoléon, etc., dix-sept portraits dont plusieurs avant la lettre, sur chine.

243 — *Fouquet* (Messire Nicolas), — *Languet de Gergy,* — *Henri IV,* — Gerard *Hontharst,* — G. de *Baillou,* — *Charas,* etc. Neuf portraits in-8 et in-4. Belles épreuves.

244 — *D'heusy* (Jacques), — *Haller* (D.), — *Pollart* (N.), — *Gherardi,* — *Petion de Villeneuve,* — De Brones, — *Coytier* (J). etc., douze portraits par Dupuis, Tardieu, Edelinck, Saint-Aubin, etc.

245 — *Quercetanus* (J.), — *Lavater,* — *Lanfranc,* — *Desault, Le Cat,* — *Galilée,* — *Frambesarius,* etc., huit portraits in-8. Très belles épreuves.

246 — A. *Vesale,* — Ambroise *Paré,* — Jean de *La Fontaine,* — De *Queslus,* — *Vincent de Paul,* — Les trois consuls, etc., dix portraits, dont plusieurs gravés sur bois.

247 — Portraits d'artistes, peintres, musiciens, architectes, etc., treize pièces.

248 — Portraits de femmes célèbres et d'actrices. Gravures et lithographies, quatorze pièces.

249 — Portraits par Claude Mellan, Duplessis-Bertaux, Drevet, Schmidt, etc., huit pièces.

DIVERS

250 — Portraits lithographies de Ambroise *Paré*, — F. *Chaussier*. — Moreau, etc. Six pièces.

251 — Portraits lithographiés des célébrités contemporaines. Vingt-six pièces.

252 — Portraits français et allemands. Onze pièces in-8, in-4 et in-fol. Belles épreuves.

253 — Portraits hollandais et français, dont le comte de *Caylus*, par Dagoty. Onze pièces. Belles épreuves.

254 — Portraits français et étrangers, en noir et en couleur. Dix-neuf pièces.

255 — Portraits modernes et scènes de théâtre. Neuf pièces.

256 — Allégories sur la mort. Trois pièces.

257 — Les trois ordres, — Portraits de Louis XVI et de Marie-Antoinette. Quatre pièces.

258 — Le Faucheur, — Les Sens, — Les médailles de Louis XIV; avec vues de Paris dans le bas, etc. — Quatorze pièces par Le Vasseur, Th. Gale, Aveline, Leclerc, etc.

259 — Délivrance de M. le comte de Lorges, — Le Parnasse ridicule de la place Maubert, — Pièce satyrique sur le vaisseau volant. Deux épreuves dont une à l'eau-forte. Quatre pièces.

260 — Gravures de l'École française des XVIIe et XVIIIe siècles. Seize pièces.

261 — Portraits et sujets tirés de la galerie de Téniers. Dix-sept pièces.

262 — Paysages et sujets d'après divers peintres hollandais. Quarante pièces.

263 — Portraits et sujets historiques tirés de la galerie de Versailles.

DIVERS

264 — Paysages et Portraits par et d'après Decamps, Millet,
Matout, Jacques, etc Onze pièces.

265 — Scènes de mœurs, — Costumes et métiers d'Espagne
Trénte et une pièce.

266 — Vues de Paris et de ses principaux monuments. Cent
vingt-deux pièces in 4, en couleur. Très belles épreuves.
Rares.

267 — Paysages et sujets d'après les maîtres hollandais, tirés
des cabinets Choiseul, Poullain, etc. Quarante pièces.

DREVET (P.)

268 — *Brandebourg* (Christine-Caroline, princesse de (D. 28).
Superbe épreuve. Grande marge.

269 — Louis XIV, roi de France, en pied, d'après Rigaud.
Très belle épreuve.

DROUAIS (d'après)

270 — Les enfants du roi de Sardaigne, par D. Melini. Très
belle épreuve.

DUCHEMIN

271 — *Rabelais* (François), d'après L. de Vinci? In-8 à l'eau-
forte. Très belle épreuve.

272 — Louis XVI, roi d'un peuple libre, d'après Caresme.
Très belle épreuve.

DUHAMEL

273 — Costumes et coiffures tirés du cabinet des modes.
Trente-cinq pièces coloriées.

DUMÉNIL (d'après P.-L.)

274 — La cuisinière, — Le traitant. Deux pices gravées par
Duflos et Lucas. Belles épreuves.

DUMÉNIL (d'après P.-L.)

275 — Les Sens. Suite de cinq pièces gravées par Tillard et Le Vasseur. Belles épreuves.

DUPIN

276 — *Éon de Beaumont* (la chevalière), in-4. Très belle épreuve, marge.

DUPLESSIS-BERTAUX

277 — La Bienfaisance ingénieuse. Très rare épreuve à l'état d'eau-forte.

278 — La même estampe. Très belle épreuve avec la légende, marge.

279 — Entrée des troupes françaises dans une ville de Hollande, terminé au burin, par Courbe. Superbe épreuve avant la lettre, marge.

280 — Scènes de la révolution, tirées des portraits de la révolution. Sept pièces.

281 — Vignettes en-tête de pages, pour les Petits conteurs. Quatre-vingt-quinze pièces, tirées hors texte de l'édition Leclerc.

282 — Scènes de théâtre. Vingt-sept pièces en partie avant la lettre.

283 — Costumes des fonctionnaires de la république, publiés chez Bonneville. Quatorze pièces. Très belles épreuves, marges.

DUPLESSIS-BERTAUX, PRIEUR, ETC.

284 — Tableaux de la Révolution. Trente-trois pièces. Belles épreuves.

285 — Supplice de Bailly. — Prise de la Bastille, etc. Six pièces. Épreuves à l'état d'eau-forte ou avant la lettre.

DURER ET **LUCAS DE LEYDE**

286 — Vingt-deux pièces de l'œuvre de ces deux maîtres, originaux et copies.

DURER ET **RAIMONDI**

287 — Pièces gravées sur bois et sur cuivre, copies d'après Marc-Antoine.

DUYSEND (CORNEILLE)

288 — *Beze* (Théodore de), in-fol. Superbe épreuve.

DYCK (d'après ANT.)

289 — *Orléans* (Marguerite de Lorraine, duchesse d'), — *Henriette-Marie*, reine d'Angleterre. Deux portraits gravés par Bolswert et Hollar.

EARLOM (R.)

290 — Portrait de Rembrandt, d'après lui-même, in-fol., en manière noire. Superbe épreuve avant la lettre, marge.

EAUX-FORTES MODERNES

291 — Portraits, Paysages et sujets, par Laguillermie, Mongin, Courtry, L. Mar, J. Jacquemart, Unger, etc. Quinze pièces, en partie avant la lettre.

292 — Lithographies et eaux-fortes, par Courbet, Hersent, Millet, etc. Treize pièces.

ÉCOLE ITALIENNE DU XVI° SIÈCLE

293 — Estampes d'après Michel-Ange, J. Romain et autres. Vingt-deux pièces gravées par les artistes de l'école de Marc-Antoine.

ÉCOLE ITALIENNE DU XVII° SIÈCLE

294 — Triomphes d'amours, — Statue de Néron, Amours des dieux, — Portraits, etc. Huit pièces. Très belles épreuves.

ÉCOLE FLAMANDE DU XVIIᵉ SIÈCLE

295 — Singeries, Paysages et sujets grotesques, etc. Six pièces. Très belles épreuves.

ÉCOLE DE FONTAINEBLEAU

296 — Pâris adjugeant à Vénus le prix de Beauté (B. 72), — Un jeune homme buvant de l'eau (B. 81), — *Le Parnasse*, d'après Lucas Penni. Trois pièces. Très belles épreuves.

ÉCOLE FRANÇAISE DU XVIIIᵉ SIÈCLE

297 — Humanité et bienfaisance du roi, — Le Curieux, — La Place Maubert, etc. Huit pièces d'après Debucourt, Baudouin, Jeaurat, etc. Une est avant la lettre.

298 — Fête publique aux Tuileries, grande pièce en largeur, gravée au trait, la partie droite coloriée.

299 — Études par Demarteau, — Sujets mythologiques, — Études d'enfants, par et d'après De la Rue, Vanloo, Boucher, Guérin, Cochin, etc. Vingt-sept pièces. Belles épreuves.

300 — Sujets mythologiques et Paysages. Dix-neuf pièces.

ÉCOLE FRANÇAISE, XVIIᵉ ET XVIIIᵉ SIÈCLES

301 — Paysages et sujets, d'après Watteau, Le Sueur, Jeaurat, Bouchardon, Poussin, etc. Douze pièces.

ÉCOLE FRANÇAISE ET ALLEMANDE, XVIᵉ SIÈCLE

302 — Alphabets et lettres ornées, tirés de livres du seizième siècle. Neuf cent cinquante pièces.

EDELINCK (GÉRARD)

303 — *Arnauld d'Andilly*, conseiller d'État, d'après Ph. de Champagne. (R. D., 142). Très belle épreuve du 2ᵉ état.

304 — *Descartes* (René), d'après F. Hals (R. D., 181), — *Collot* (Ph.). Deux portraits in-fol. Belles épreuves.

EDELINCK (Gérard)

305 — *Fuerstenberg* (Ferd. de), prélat allemand. (R. D., 202).
Très belle épreuve.

306 — *Graaff* (Régnier de), médecin hollandais. (R. D., 219).
Très belle et rare épreuve du 1er état, avant la lettre.

307 — Le même portrait. Très belle épreuve du 2e état, avant
le millésime 1666.

303 — Le même portrait. Épreuve du 3e état.

309 — *La Marinière* (Ad.-Cl. Lefort de), d'après J. Tortebat.
(R. D., 235). Belle épreuve.

310 — *Pascal* (Blaise). (R. D., 290). Très belle épreuve.

311 — *Perault* (Claude), de l'Académie française. In-fol.
Belle épreuve.

312 — *Poisson* (R.), comédien, d'après J. Netscher. (R. D.,
299). Très belle épreuve.

EDELINCK et BLOOTELING

313 — *Collot* (Philippes), — *Craanen* (Théod.), d'après Toor-
nuliet. Deux portraits in-fol. Très belles épreuves.

EDELINCK (J.)

314 — *Bartholinus* (Gasparus), professeur d'Anathomie. In-8.
Belle épreuve.

EISEN (d'après Ch.)

315 — Suite de quatre vignettes, in-8, gravées par De Ghendt
pour la Déclamation théâtrale.

EVANS (Mlle)

316 — *Blanchart* (M.), aéronaute, d'après Delaunay, in-8, en
couleur. Très belle épreuve, marge.

EX-LIBRIS

317 — Sous ce numéro, il sera vendu par lots, deux portefeuilles d'*ex-libris* des seizième, dix-septième et dix-huitième siècles. Titres de livres et illustrations gravés sur
cuivre et sur bois.

FERDINAND (P.)

318 — Le Parnasse ridicule de la place Maubert. Belle
épreuve.

FESSARD (Ét.)

319 — Mort de Pouple, chirurgien de M. de Voltaire, d'après
Durand.

FICQUET (Étienne)

320 — *Montaigne*, d'après Dumonstier, — *Swift* (le docteur).
Deux portraits in-8. Belles épreuves.

FLAMEN (Albert)

321 — Livre d'Oiseaux, suite de douze pièces. (R. D., 402,
413). Superbes épreuves du 1ᵉʳ état, avant l'adresse de
Drevet.

322 — Seconde partie, Poissons de mer, dessinés et gravés
au naturel par Albert Flamen. (R. D., 427, 438). Suite de
douze pièces. Très belles épreuves du 1ᵉʳ état, avant les
numéros et l'adresse de Van Merleen.

323 — Vues de divers paysages alentour de Paris. (R. D. 493,
494, 497, 499, 500 et 503). Six pièces. Très belles
épreuves.

324 — Paysages des environs de Paris. (R. D., 505, 509, 510,
511, 513, 515). Six pièces. Très belles épreuves.

325 — Différentes vues. (R. D., 520, 523). Suite de quatre
pièces. Très belles épreuves.

326 — Vues et paysages du château de Longuetoise et des
environs. (R. D., 526, 527, 528, 529, 530, 532, 533, 535).
Huit pièces. Très belles épreuves.

FLAMEN (ALBERT)

327 — Différentes vues. Suite de six estampes. (B., 536, 541).
Très belles épreuves, dont cinq avant les numéros.

328 — Différentes vues. (R. D., 538, 539, 561). Trois pièces.
Très belles épreuves.

FLAMENG (L.)

329 — *Feydeau* (Mme), d'après Carolus Duran. — Mlle *Rachel*.
Deux portraits avant la lettre. Belles épreuves.

FLIPART (J.-J.)

330 — *Greuze* (J.-B.), d'après lui-même, in-8. Très belle
épreuve.

FLIPART ET CHENU

331 — *Favart* (Mme), actrice. Deux portraits différents, in-8.
Belles épreuves.

FOULQUIER

332 — Le Charlatan. Petite pièce gravée à l'eau-forte, avec
légende en bas. Belle épreuve.

FRAGONARD (HONORÉ)

333 — Les deux femmes à cheval, — Bacchanales, etc. Cinq
pièces. Belles épreuves.

FRAGONARD (d'après H.)

334 — Annette à l'âge de vingt ans, par Godefroy. — Vénus.
Deux pièces. Très belles épreuves.

335 — Le Contrat, par Blot. Très belle épreuve, grande
marge.

336 — Le Moment favorable, par Berthet. Très belle épreuve,
rare.

337 — Jeune femme debout, gravée à la sanguine, par Bonnet.
Très belle épreuve.

FRAGONARD (d'après H.)

338 — Fragments choisis dans les peintures et les tableaux les plus intéressants des palais et des églises d'Italie, gravés par Saint-Non. Quatre-vingt-six pièces.

339 — Choix de quelques morceaux des peintures antiques d'Herculanum, gravées par Saint-Non, etc. Douze pièces.

FRAGONARD ET TOUZÉ (d'après)

340 — La Faible résistance ou le Verrou, — l'Amant victorieux, suite du Verrou. Deux pièces faisant pendants, gravées par le Beau. Très belles épreuves.

FRANÇOIS (ALPHONSE)

341 — Marguerite à l'église, d'après Scheffer. Épreuve avant la lettre sur chine.

342 — *Quesnay* (Franciscus), médecin. In-fol. Superbe épreuve, toute marge.

GAILLARD ET CHENU

343 — *Grandjean* (Henri), chirurgien oculiste, d'après Deshayes. — *Dumont de Valdajou*, chirurgien Renoueur de S. A. R. Monseigneur le Comte de Provence, d'après Le Sueur. Deux portraits in-fol. Belles épreuves.

GAMELIN

344 — Les Joueurs, — Les filles de joie, — La mort de Socrate, etc. Quatre pièces. Belles épreuves.

GAUCHER (Ét.)

345 — *Henault* (Ch. J. F.), d'après Cochin, in-4. Belle épreuve, avec marge.

GAULTIER (L.)

346 — Le Jugement dernier, d'après Michel-Ange. Superbe épreuve du 1er état, avant l'adresse de Mariette.

GAULTIER (L.)

347 — La même estampe. Belle épreuve du même état.

348 — Petite vue de Paris ; en haut, les armes du roi et de la ville de Paris. Très belle épreuve, avant le texte au verso.

349 — Autre petite vue de Paris. Très belle épreuve, avant le texte au verso.

350 — *Chabodius* (David), in-8. Très belle épreuve.

351 — *Charron* (Pierre), in-8. Très belle épreuve.

352 — *Falchetii* (Claudii), in-4, — *Pasquier* (Etienne), in-8. Deux portraits. Belles épreuves.

353 — *La Framboisière* (N. A., sieur de), in-8. — *Cuias* (Jacques), tiré de la Chronologie Collée. Deux pièces. Belles épreuves.

354 — *Longueville* (Henri d'Orléans, duc de), — *La Framboisière* (N. A., sieur de). Deux portraits, in-8. Belles épreuves.

355 — *Plutarque,* — *Sénèque.* — Deux portraits, in-8. Très belles épreuves.

356 — Portraits tirés de la Chronologie Colée. — Titre des remonstrances de Messire Jacques de Guesle. Quatre pièces.

GAULTIER (L.) ET HORBECK

357 — *La Framboisière,* — Plutarque, — Ambroise Paré. Trois portraits. Belles épreuves.

GAUTIER

358 — *Forlenze* (J. M. A), — Dubois (Antoine), d'après Boilly. Deux portraits, in-4, en couleur. Belles épreuves.

GAVARNI

359 — Les Douze mois, Dernière œuvre de Gavarni. Paris, 1870. Très belles épreuves.

GELLÉE (Claude), dit Claude le Lorrain

340 *bis*. — Le Campo-Vaccino (R. D., 23), — La Danse villageoise (B., 24). Deux pièces. Belles épreuves.

341 *bis*. — Le Pont de bois (R. D., 14), — Le Campo-Vaccino (R. D., 23). Deux pièces. Belles épreuves.

GHEYN (J. de)

342 *bis*. — Les Évangélistes. Suite de quatre pièces de forme ronde. Très belles épreuves, grandes marges.

343 *bis*. — *Hugo-Grotius* (Pass. 3). Très belle épreuve, rare.

GHISI (G.)

344 *bis*. — Hercule debout, se reposant sur sa massue (41), — Hercule, d'après Bandinelli. Deux pièces. Très belles épreuves.

345 *bis*. — *Michel-Ange* (B., 71). Belle épreuve.

GHISI (Georges et Diana)

346 *bis*. — Vénus assise sur un lit, près de Vulcain (35), — Le chasseur Orion portant sur ses épaules Diane, déesse des forêts (43), — Une jeune femme dans un bateau, dans lequel monte un homme portant un petit enfant (65), etc. Six pièces.

GILLOT (Claude)

347 *bis*. — La Naissance, — L'Éducation, — Le Mariage, — Les Obsèques. [Suite] de quatre pièces. Très belles épreuves, avec marge.

GILLOT (Claude.)

348 *bis*. — Fête du Dieu Pan, célébrée par des Sylvains et des Nymphes, — Fête de Diane, troublée par des Satyres, — Fête de Faune, Dieu des forêts, — Feste de Bacchus, célébrée par des Satyres et des Bacchantes. Suite de quatre pièces. Très belles épreuves, marges.

349 *bis*. — Costumes de la Comédie italienne. Six pièces. Belles épreuves.

GIRARDET

350 *bis*. — Journée du Champ de Mai, année 1815. Très belle épreuve à l'état d'eau-forte, marge.

GODEFROY

351 *bis*. — Frère *Côme*, feuillant, in-4. Très belle épreuve avant la lettre, marge.

GOLE (J.)

352 *bis*. — Les sens, suite de cinq pièces gravées à la manière noire. Belles épreuves.

GOLTZIUS (H.)

353 *bis*. — La Circoncision (B. 18). Belle épreuve.

354 *bis*. — La sainte Vierge et saint Joseph montrant aux bergers Jésus qui vient de naître (B. 21). Très belle épreuve.

355 *bis*. — Jésus-Christ célébrant la Cène avec les apôtres (B. 39). Très belle épreuve.

356 *bis*. — *Forestier* (Pierre), docteur en médecine (B. 169). Très belle épreuve.

357 *bis*. — Suzanne et les vieillards. — Loth et ses filles, — Bacchus, — Cérès, — Vénus et l'Amour, etc. Douze pièces gravées par Saenredam et Goltzius. Belles épreuves.

358 *bis*. — La Foi, — l'Espérance, — la Tempérance, — Mercure, — Hercule, — la Force, etc. Huit pièces gravées par Goltzius et Matham.

GOLTZIUS (H.)

359 *bis*. — Un Enfant assis près d'une tête de mort, — Homme
dévoré par un monstre, — Portrait d'homme, gravé sur
bois par Van Sichem. Trois pièces. Belles épreuves.

GOLTZIUS (H.)?

360 — La vue, — L'ouïe, — Le Toucher. Trois pièces. Très
belles épreuves.

GOYA (Don Francisco)

361 — Combats de Taureaux, suite de trente-trois pièces
gravées à l'eau-forte, avec table. Superbes et anciennes
épreuves.

362 — Los Proverbios, coleccion de diez y ocho laminas, in-
ventados y grabados al algua fuerte por don Francisco
Goya. Madrid, 1864. Dix-sept pièces en un vol. in-fol.
obl. cart. On y a joint l'Homme garrotté et le portrait de
Goya. Dix-neuf pièces.

GOYRAND et HURET

363 — *Du Lorens* (Jacques), — *Boyceau* (Jacques). Deux portraits in-fol. Belles épreuves.

GRAVELOT, COCHIN, EISEN (d'après)

364 — Vignettes in-8, pour les Contes de Boccace. Cinquante-
cinq pièces. Très belles épreuves.

365 — Trente pièces de la même suite. Très rares épreuves
avant la lettre, ou à l'état d'eau-forte.

GREUZE (d'après J.-B.)

366 — L'Aveugle trompé, par Laurent Cars. Bonne épreuve.

GUÉRARD

367 — Pièces historiques et satiriques relatives au règne de
Louis XIV. Quatorze pièces. Très belles épreuves.

GUÉRIN (d'après)

368 — Lefèvre, — Regnier, — Sainte Suzanne, — Ferino, — Kléber. — Lecourbe. — Gouvion-Saint-Cyr, — Masséna. Neuf portraits gravés par Fiésinger. Belles épreuves.

GUTTENBERG (H.)

369 — La Bacchante, d'après Mlle Le Sueur. Très belle épreuve avant la lettre, marge.

HABERT, LUBIN ET LANDRY

370 — *Rabelais* (François), — *Venette* (Nicolas), — *Manesson-Mallet* (Allain). Trois portraits in-8 et in-4. Belles épreuves.

HAEFTEN (N. VAN)

371 — La femme amoureuse (B. 16). Très belle épreuve.

HAWARD (F.)

372 — *Eon de Beaumont* (la chevalière d'), d'après A. Kauffmann, in-fol. Très belle épreuve.

373 — Le même portrait. Très belle épreuve.

HENRIQUEL-DUPONT

374 — Portrait de Pierre le Grand, d'après Paul Delaroche, in-fol. Belle épreuve avant la lettre, sur Chine.

375 — Sauvageot (A. Ch.), de l'Académie de musique, in-fol. Belle épreuve.

376 — *Vernet* (Carle), d'après Paul Delaroche. Belle épreuve avant la lettre.

HENRIQUEZ (B.-L.)

377 — *Bouvart*, Médecin, d'après Bourgoin, in-fol. Belle épreuve.

HOGARTH (W.)

378 — Analysis of the Beauty. Deux pièces. Belles épreuves.

HOLLAR (V.)

379 — *Morett*. — *Hollar* (Venceslas). —· Portraits de femmes. Quatre pièces in-8. Belles épreuves.

HOOVE (Fr. van den)

380 — *Cornelisz* (Jacques), chirurgien, d'après C. de Visscher, in-fol. Superbe épreuve, marge.

HOPFER (Daniel) et J. BOS

381 — Personnages grotesques, — Soldats, tabagie, etc. Quatre pièces. Belles épreuves.

HOUBRAKEN

382 —· Portraits hollandais. Quatre pièces in-8, dont trois avant la lettre.

383 — Portraits de personnages hollandais. Treize portraits in-4, dont dix avant la lettre. Très belles épreuves.

HUBERT (N.)

384 — *Rabelais* (François), in-fol. Belle épreuve, avec marge.

HUBERT et LE BEAU

385 — Louis XVI et Marie-Antoinette. Deux portraits in-8, faisant pendants. Très belles épreuves, grandes marges.

HUET (d'après J.-B.)

386 — La Troupe ambulante des rues de Paris, — Le Marchand d'Orviétan de campagne. Deux pièces gravées en couleur par Bonnet. Très belles épreuves.

HUMBLOT et SELLIER

387 — Rue Quincampoix en l'année 1720, — Loge des changes de Lyon. Deux pièces. Très belles épreuves,

HURET (d'après G.)

388 — Les Sens, suite de cinq pièces gravées par Ragot. Très belles épreuves.

INGRES (d'après)

389 — *Bartholini* (Laurenzo), par Potrelle, in-fol. Très belle épreuve.

IODE (P. DE)

390 — Les Sens, suite de cinq pièces en un vol. grand in-4, vélin.

IODE, CLOUET, WAUMANS ET MEYSSENS

391 — Les effigies des souverains princes et ducs de Brabant, avec leur chronologie, armes et devises, — Les Pourtraits des souverains, princes et comtes de Hollande, nouvellement reproduits en lumière par Jean Meyssens. Cent quarante-six pièces, in-4. Très belles épreuves, grandes marges.

ISABEY (J.-B.)

392 — Caricatures. 1828. Douze pièces, dont plusieurs doubles. Très belles épreuves. Rares.

ISABEY (d'après)

393 — Portrait de Lebarbier de Valbonne, gravé par Aubertin, in-fol. Très belle épreuve, marge.

JACQUEMART (JULES)

394 — Histoire de la Bibliophilie, Reliures, recherches sur les bibliothèques des plus célèbres amateurs. Armorial des Bibliophiles, publié par J. Techener père et Léon Techener fils, avec le concours d'une société de Bibliophiles, et accompagnée de planches gravées à l'eau-forte par M. Jules Jacquemart. Paris, 1861. Cinquante planches.

JANINET (F.)

395 — L'Agréable négligé, d'après Baudouin, en couleur. Belle épreuve.

396 — Bacchus préside à la fête, d'après Carême, en couleur. Très belle épreuve.

JOULLAIN (d'après)

397 — Études de femmes nues, assises sur des draperies. Quatre pièces, gravées à la sanguine par de Frenne. Très belles épreuves. Rares.

KLAUBER (J.-S.)

398 — *Allegrain* (Christophe Gabriel), d'après Duplessis, — *Van Loo* (Carle), d'après Le Sueur. Deux portraits in-fol. Belles épreuves.

LAGNIET

399 — Proverbes, etc. Quinze pièces.

LAMI (Eugène)

400 — Agréments de la vie de château. Suite de dix-huit pièces coloriées en un vol. in-4 oblong, cartonné.

LANCRET (d'après N.)

401 — Conversation galante, par Le Bas, — Le Théâtre Italien, par G.-F. Schmidt. Deux pièces. Très belles épreuves.

402 — Le Turc amoureux, — La Belle Grecque. Deux pièces gravées par G.-F. Schmidt. Très belles épreuves.

LANDRY et LASNE

403 — *Brunyer* (Abel), médecin. Deux portraits différents in-8 et in-fol. Très belles épreuves.

LANDRY (P.)

404 — *Brunyer* (Abel), Médecin de Gaston, duc d'Orléans, in-fol. Superbe épreuve.

405 — *Brunerii* (Abel), Médecin. In-folio. Très belle épreuve.

DE LARMESSIN (N.)

406 — *Fontange* (la Duchesse de), — *Maintenon* (la Marquise de), — *Larallière* (la Duchesse de). Trois portraits in-4. Belles épreuves.

LASNE (Michel)

407 — Le Peintre, d'après Bosse, — La Musique, — Costumes et scènes de mœurs. Sept pièces. Très belles épreuves.

408 — Statue équestre de Louis XIII sur un piédestal ; en bas, une vue de Paris. Grand in-fol. Belle épreuve. Rare.

409 — *Jabach* (E.), amateur de dessins. In-fol. Très belle épreuve.

410 — *Moreau* (R.), — *Planis-Campy* (David de), — *Riolanus* (J.), — Le R. P. Joseph de Paris. Cinq portraits in-8 et in-4, dont un double et un avant la lettre.

411 — *Richelieu* (le cardinal de). In-fol. Très belle épreuve.

412 — Le pape Urbain VIII, — Le père Nicolas *Caussin.* Deux portraits. Belles épreuves.

LASNE (M.)?

413 — Pièce satyrique. (Traitement de la folie). In-fol. en largeur. Belle épreuve.

LAVREINCE (d'après N.)

414 — École de danse, par F. Dequevauviller (E. B. 22). Belle épreuve.

LE BARBIER (d'après J.)

415 — Bienfaisance du Roy, gravé par Le. Vasseur. Belle épreuve.

LE BAS

416 — *Les Sens*, suite de cinq pièces, d'après Teniers. Belles épreuves.

LE BEAU

417 — *Dugazon* (Mme). In-8. Très belle épreuve avant le numéro.

LE BEAU ET CONDÉ

418 — *Déon de Beaumont* (Ch. G. L. Aug. C. And. T.). In-8. Épreuve avant le numéro, marge, — Tête de Minerve gauloise. Deux pièces.

LE BEAU ET MASQUELIER

419 — *Bouvart* (Michel-Philippe), d'après Desrais. Avant le numéro, — *Demours* (Pierre), d'après Latour. Deux portraits in-8 et in-4. Belles épreuves.

LE BEAU ET PAUQUET

420 — *Pompadour* (La marquise de). Deux portraits différents, d'après Queverdo et La Tour.

LE BLOND ET MARIETTE

421 — Costumes de femmes de l'époque Louis XIII, représentées en buste. Quatorze pièces. Très belles épreuves, avec marge.

LE CLERC (Sébastien)

422 — La Galerie de l'Hostel royal des Gobelins, — Apothéose d'Isis, — La multiplication des pains, etc. Huit pièces dont une double. Très belles épreuves.

423 — Veues de plusieurs petits endroits des fauxbourgs de Paris. Suite de douze pièces. Très belles épreuves.

LE CLERC (d'après S.)

424 — Les Sens. Suite de cinq pièces gravées par E. Jeaurat. Très belles épreuves, toutes marges.

425 — La même suite. Même état.

LE CLERC et **THOMASSIN**

426 — Représentation des machines qui ont servi à eslever les
deux grandes pierres qui couvrent le fronton de la prin-
cipale entrée du Louvre ; — Partie de l'incendie de la
ville de Rennes, vue de la place du Palais, d'après Hu-
guet. Deux pièces.

LE CLERC (d'après)

427 — Jeune femme assise, lisant, par Jubier. Trois épreuves,
dont une imprimée en sanguine.

428 — Études pour les demoiselles. Suite de quatre pièces,
costumes de l'époque Louis XVI, gravées à la sanguine
par Guber et publiées chez Bonnet. Très belles épreuves
avec marges. Rares.

LE FEBVRE (Cl.)

429 — *Patin* (Charles). (R. D., 3). Très belle épreuve du premier état.

LE GRAND

430 — Le Marchand d'opiat, gravé en couleur, d'après Gérard
Dow. Belle épreuve.

LELEU, PERCIER et **FONTAINE**

431 — Cérémonies du sacre et du Mariage de l'empereur
Napoléon. Trois pièces, dont deux avant la lettre, à l'état
d'eau-forte.

LE MYRE et **SAINT-AUBIN**

432 — *Frédéric II*, roi de Prusse. In-8 ; — *Montaigne* (Michel
de). In-4. Deux pièces. Belles épreuves.

LE NOIR (A Paris, chez)

433 — Expérience aérostatique faite à Versailles le 19 septembre 1783.... par M. de Montgolfier. Très belle épreuve
avec marge. Rare.

LEONI (O.)

434 — Portraits de peintres italiens. Neuf pièces in-8. Très belles épreuves.

LEPAULTRE (J.)

435 — Ornements en forme de frises. Six pièces. Belles épreuves avec marges.

LE PÈRE ET AVAULEZ (Chez)

436 — Les Médecins botaniste et minéralogiste écrasés par le médecin à la mode. Pièce rare. Très belle épreuve.

LÉPICIÉ

437 — *Desmares* (Charlotte). In-fol. Très belle épreuve.

LE PRINCE (J.-B.)

438 — Les Sens. Suite de cinq pièces imprimées en bistre. Très belles épreuves.

LE PRINCE (d'après J.-B.)

439 — Les Bergers russes, — Le Nécromancien. Deux pièces gravées par Tilliard et Helman.

LE ROY (H.)

440 — Études de papillons. Suite de six pièces. Très belles épreuves.

LETELLIER (C.-F.)

441 — *Éon de Beaumont* (la chevalière). In-8, d'après Baader. Très belle épreuve, marge.

LEU (Th. de)

442 — *Arlensis* de Scudalpis (Pierre). (R. D., 301). Belle épreuve.

443 — *Caron* (Antoine) (R. D., 330); — *Pigray* (Pierre), premier chirurgien d'Henri IV (R. D. 475). Deux épreuves des premier et deuxième états. Trois pièces.

LEU (Th. de)

444 — *Estrès* (Gabrielle d') (R. D., 366). Belle épreuve avant la retouche.

445 — *Habicot* (Nicolas), anatomiste, à Paris (R. D., 384). Très belle épreuve du premier état, marge.

446 — Le même portrait. Superbe épreuve du même état.

447 — *Henri III,* roy de France (R. D., 393) ; — Henri II, roi de France (R. D., 387). Deux pièces. Belles épreuves.

448 — *Henri IV,* roi de France (R. D., 401). Très belle épreuve.

449 — *Henri IV,* roi de France (R. D., 410).

450 — *La Framboisière* (N. A.), médecin du Roi (R. D., 429). Superbe épreuve du premier état.

451 — *Montaigne* (Michel, sieur de). (R. D., 461). Très belle épreuve.

452 — *Ranchin* (François) (R. D., 480), — *Fauchet* (Claude) (R. D.. 370). Deux pièces. Belles épreuves.

LEU (Th. de) excudit

453 — Les Mois de l'année. Onze pièces.

LEYDE (Lucas de)

454 — Tête d'un guerrier (B., 160), — Un Panneau d'ornement (B., 164). Deux pièces. Bonnes épreuves.

455 — Esther devant Assuérus, — Dalila coupant les cheveux à Samson, — Les Deux vieillards apercevant Suzanne au bain, — Caïn tuant Abel, — La Femme et la Biche. Cinq pièces, anciennes épreuves.

LINGÉE (C.-L.)

456 — *Raucourt* (Mlle de), de la Comédie-Française, d'après Freudeberg et Moreau. In-fol. Très belle épreuve.

LITHOGRAPHIES

457 — Recueil de lithographies, par Gavarni, d'après Diaz, Couture, Watteau, Fortin, Delacroix, Papety, Robert Fleury, P. Huet, Buttura, etc., etc. Quarante-cinq pièces en 1 vol. in-fol., mar. rouge.

LITTRET

458 — *Pompadour* (La marquise de), d'après Schenau. In-4. Superbe épreuve, marge.

LOMBART (P.)

459 — Les Comtes et Comtesses, d'après Van Dyck. Suite de douze pièces. Très belles épreuves.

LOMBART ET LANDRY

460 — *Nevelet* (Vincent), — *Colbert* (Nicolas), d'après Mignard, — Messire Raymond *Bérenger de Lorraine*, d'après Lefebvre. Trois portraits in-fol. Belles épreuves.

MACRET (C.)

461 — Réception de Voltaire, aux Champs Elisées, par Henri quatre, d'après Fauvel. Belle épreuve avant la dédicace.

MACRET, GAILLARD ET LASNE

462 — *Degravers*, oculiste. In-4, — *Grandjean* (Guillaume de), oculiste du roi, d'après Deshayes. In-fol. — *Planis-Campy* (David de), chirurgien du roi. In-8. Trois portraits. Très belles épreuves.

MAITRE AU DÉ

463 — La Vierge couronnée par Jésus-Christ (B. 9), Superbe épreuve.

464 — Frise à l'enfant monté sur une chèvre, — Frise au triomphe de l'Amour. Deux pièces, d'après Raphaël (B., 36-37). Très belles épreuves.

MAITRE AU DÉ

465 — Sacrifice à Priape (B., 27), — Cupidon et Psyché couchés ensemble dans le lit nuptial (B., 70). Deux pièces. Très belles épreuves.

466 — Enée sauvant Anchise, d'après Raphaël (72), — Trois Amours jouant avec une autruche (33). Deux pièces. Belles épreuves.

467 — La Victoire de Scipion sur Syphax (73), — Le Triomphe de Scipion (B., 74). Très belles épreuves des premier et second états. Quatre pièces.

MAITRE I. B.

468 — Pièce emblématique (B., 80). Belle épreuve.

MAITRE AU MONOGRAMME A. H. (liés)

469 — *Paracelse* (Phil.), médecin (B., t. IX, 6-81, n° 2). Très belle épreuve. Rare.

MAITRE AU MONOGRAMME E

470 — Le Seigneur et la Dame à genoux devant un crucifix (B., t. IX, 6-67, n.)

MAITRE ANONYME DU XVIᵉ SIÈCLE

471 — *Vesalii* (Andræ). Portrait in-4, gravé sur bois en 1542. Superbe et très rare épreuve avant l'impression au verso, grande marge.

472 — Le même portrait. Belle épreuve avec l'impression.

MAITRE ANONYME, FIN DU XVIᵉ SIÈCLE

473 — Pièces satyriques et caricatures. Sept pièces gravées sur bois. Belles épreuves.

MAITRES ANONYMES, XVIIᵉ SIÈCLE

474 — Pièces satiriques et caricatures. Huit pièces. Belles épreuves.

MASSON (Antoine)

475 — *La Chambre* (Marin Cureau de), d'après Mignard (R. D., 24). Très belle épreuve du premier état.

476 — Le même portrait. Superbe épreuve du premier état, marge.

477 — *Patin* (Gui).(R. D., 59). Belle épreuve.

478 — *Patin* (Charles) (R. D., 60). Superbe épreuve.

479 — *Patin* (Gui) (R. D., 59), — *Patin* (Charles) (R. D., 60). Deux portraits. Très belles épreuves.

480 — *Patin* (Gui), — *Patin* (Charles) (R. D., 59 et 60). Très belles épreuves.

MARTIN (d'après J.-B.)

481 — Costumes de ballet. Dix pièces gravées par Gaillard. Très belles épreuves.

MARTINET (A Paris, chez)

482 — Les Sens. Suite de cinq pièces en couleur, tirées du Musée grotesque. Très belles épreuves, marges.

483 — Une Matinée du Luxembourg, — Café des Aveugles, — Le Billard. Trois pièces coloriées. Très belles épreuves.

MARTINET (D.)

484 — *Daran*, chirurgien du roi. In-8. Très belle épreuve.

MARVIE (d'après)

485 — Balet du prince de Salerne, exécuté à Fontainebleau en novembre 1746, gravé par Horeolly. Très belle épreuve, marge.

MASSARD (J.-B.)

486 — La Vierge donnant le sein à l'enfant Jésus, d'après Van Dyck. Epreuve avant toutes lettres.

MATHAM (J.)

487 — Les Vertus (B., 117-123), suite de sept pièces, dont nous n'avons que six. Très belles épreuves.

MEIER (MELCHIOR)

488 — Apollon écorchant Marsyas, 1581. Très belle épreuve.

MELLAN (CLAUDE)

489 — Tête de Christ, sujets religieux, etc. Huit pièces. Belles épreuves.

490 — Dalila, — La Piété filiale, — Judith, etc. Cinq pièces.

491 — *Bentivoglio*, — *Camus* (Pierre). — *Habert de Montmor* (H.-L.), — *Servien* (Abel de), — *Talon* (Omer), sujets religieux et allégories. Huit pièces.

492 — *Fouquet* (Nicolas). Très belle épreuve du premier état, avant la lettre.

493 — *Peiresc* (N.-F. de), — *Louis XIV*, — Le Prince de Conti, — *Anne d'Autriche*, — Cl. de *Marolles*, etc. Six portraits in-4 et in-fol. Belles épreuves.

494 — *Séguier* (P.), — *D'Orléans* (Louis), — *Anne d'Autriche*, — Le Pape Urbain XIV. Quatre portraits in-4 et in-fol. Très belles épreuves.

495 — *Trullier* (Joseph), — *Naudé* (Gabriel), — *Balzac* (J.-L.-G. de), — *Toiras*, — *Gassendi* (P.), — De *Nesmond*, — *Barclay* (J.). Sept portraits in-8 et in-4. Belles épreuves.

MELLAN, HOUBRAKEN, GUÉRIN, ETC.

496 — *Trullier* (Joseph), — *Lundius* (J.), — Spielmann, — Antoine *Portal*. Quatre portraits in-fol. et in-4. Belles épreuves.

MERYON (Ch.)

497 — L'Abside de Notre-Dame de Paris. Très belle épreuve.

498 — L'Arche du Pont Notre-Dame, — La Pompe Notre-Dame. Deux pièces. Très belles épreuves.

499 — Le Petit pont, — La Tour de l'horloge. Deux pièces. Très belles épreuves.

500 — Le Grand Châtelet à Paris. Belle épreuve.

METAY (d'après)

501 — Les Eléments, suite de quatre pièces. Belles épreuves, marges.

MEUNIER (Louis)

502 — Veues du Palais jardins et fontaine d'Arangouesse, Maison de plaisance du Roy d'Espagne..., suite de dix pièces (R. D., 56-65). Très belles épreuves, grandes marges.

MIGER

503 — Hubert Robert, d'après Isabey, in-fol. Belle épreuve.

MOITTE (P.-E.)

504 — *Pompadour* (la marquise de). Superbe épreuve du premier état, avant toute lettre, marge.

MONNET (d'après C.)

505 — Les Journées de la Révolution, 17 pièces gravées par Helmann. Trois sont du premier état, avec les armes.

506 — Fontaine de la Régénération, gravé par Duclos. Très belle épreuve à l'eau-forte, marge.

MONSALDY

507 — Le Triomphe des Armées Françaises. Très belle épreuve, marge.

MONSIAU (d'après)

508 — Monument à la gloire de Louis XVI, gravé par Vange-
listy.

MONTCORNET (B.)

509 — *Gustave-Adolphe*, roi de Suède, à cheval. Dans le fond,
la vue de Leipzig. Très belle épreuve. Rare.

510 — *Vinot* (R.), Composeur de sauces. Très belle épreuve
d'un portrait rare et curieux.

511 — Mazarin, — Le marquis d'Effiat, — Sully, —
Louis XIII, etc. Neuf portaits, in-8°. Belles épreuves.

512 — 164 portraits de son œuvre. Très belles épreuves avec
marges, beaucoup sont avant les armoiries.

MONTAGNE ou de PLATTE MONTAGNE

513 — *Marie de Médecis*, d'après Porbus. (R. D., 25). Très
belle épreuve, marge.

MORACE (E.)

514 — *Kauffmann* (Angelica), d'après Reynolds, in-fol. Très
belle épreuve, marge.

MOREAU le jeune (d'après J.-M.)

515 — Tullie fait passer son char sur le corps de son père,
gravé par Simonet. Superbe épreuve avant la lettre,
toute marge.

516 — Statue équestre de Louis XV dont l'inauguration a
été faite à Paris le 20 juin 1763, d'après Bouchardon.
Très belle épreuve.

517 — Vignettes in 8° pour les Métamorphoses d'Ovide 1818,
et une vignette pour les Fables de La Fontaine, onze pièces avant la lettre, dont deux à l'état d'eau-forte.

518 — Onze pièces de la même suite, avec la lettre.

519 — *Guillotin* (J.-J.), par B. L. Prévost, in-8°. Très belle
épreuve.

MOREAU ᴇᴛ **DUPLESSIS-BERTAUX** (d'après)

520 — Collection de seize gravures des principaux événement de la Révolution française, gravées par Couché,
in-8°. Très belles épreuves, toutes marges.

MORIN (J.)

521 — *Louis XI*, roi de France (R. D., 63). Superbe épreuve.

522 — Lemercier (Jacques), d'après Ph. de Champagne
(R. D., 69). Très belle épreuve du premier état, non
décrit, avec les angles de la planche aigus, grandes
marges.

523 — *Talon* (Omer), d'après Ph. de Champagne (**R. D., 74**).
Belle épreuve.

524 — *Tarrisse* (le R. P. D. Grégoire) (R. D., **75**). Très belle
épreuve.

525 — *Thou* (Christophe de), président au Parlement.
(R. D., 78). Très belle épreuve.

526 — *Thou* (Jacques-Augustin de), d'après Ferdinand (**79**).
Très belle épreuve.

527 — Paysages, suite de quatre pièces non chiffrées (R. D.,
103-106). Très belles épreuves.

MULLER (J.-G.)

528 — *Wille* (J. G), d'après Greuze, in-fol. Belle épreuve.

NOLLEKENS (d'après)

529 — *Cosme* (frère Jean de Saint)-, de la congrégation des
Feuillans, in-fol. Très belle épreuve.

NANTEUIL (R.)

530 — *Chapelain* (J.), Poète (R. D., 60). Belle épreuve.

531 — *Gassendi* (Pierre), astronome (R. D., **101**), superbe
et rare épreuve du premier état, marge.

NANTEUIL (R.)

532 — *Guénault* (François), médecin (R. D.. 105), superbe épreuve, avec marge.

533 — *La Chambre* (Marin Cureau de) (R. D., 116). Très belle épreuve du 1er état.

534 — *Lionne* (Jules Paul), abbé de Marmoutiers (R. D., 147). Très belle épreuve du premier état.

535 — Mazarin (Jules, Cardinal de), (R. D., 182). Superbe épreuve.

536 — Molé (l'abbé François) (R. D., 195). Très belle épreuve.

537 — *Richelieu* (le cardinal de), d'après Ph. de Champagne (R. D., 218). Superbe épreuve.

538 — *Talon* (Denis), magistrat (R. D., 228). Très belle épreuve.

ODIEUVRE ᴇᴛ DESROCHERS

539 — D'Argenson, — N. Poussin, — Marie, Reine d'Angleterre, — Jean de Gassion, — La Meilleraye, — Rabelais, — Fagon, — Ambroise Paré, etc., neuf portraits, in-8°. Belles épreuves.

OSTADE ᴇᴛ BEGA

540 — Le Maître d'Ecole (31), — Le Tric-Trac (39), — La Fileuse (31), — La Famille (46), — L'homme à la fenêtre (19), — Le Buveur et l'homme assis (16 et 17). Huit pièces.

PAROY (Le comte ᴅᴇ)

541 — *Le Brun* (Mme), d'après elle-même, in-8°. Très belle épreuve.

PASSE (Cʀɪsᴘɪɴ ᴅᴇ)

542 — Les Sens, suite de cinq pièces. Belles épreuves.

543 — *Henri IV*, deux portraits différents, in-8°. Très belles épreuves.

PASSE (Crispin de) et **MATHAM**

544 — *Jacques VI*, roi d'Ecosse, — Catherine de *Bourbon*, — *Isabelle d'Autriche*, — Caspar *Barlœus*, — Fonds de coupes ornementés, — La Balayeuse, sept pièces. Très belles épreuves.

PESNE (J.)

545 — Les Travaux d'Hercule, d'après N. Poussin, 17 pièces. Anciennes épreuves.

PIÈCES HISTORIQUES

546 — Arrestation de Louis XVI à Varennes, — Retour de Varennes, arrivée de Louis XVI à Paris, — Assassinat d'Henri IV, — Massacre de la Saint-Barthélemy, six pièces par Luiken et Prieur.

547 — Collection des papiers monnayes qui ont eu cours depuis l'époque de la Révolution française. Cinq pièces gravées en forme de trompe-l'œil. Assignats, etc. 20 pièces.

548 — Statue de Louis XV, — Inauguration de la statue de Louis XIV devant le palais des Etats à Rennes, — Supplice de Robert-François Damiens, — Droits de l'homme et pièces relatives à Bonaparte. 25 pièces.

549 — Allégorie sur le mariage du Prince de Conti, — Louis XV tenant le sceau en personne le 4 mars 1757, — Réception du duc de Chartres à Gournay, etc., sept pièces par Tardieu, Pasquier, etc.

PIGAL

550 — Scènes populaires, 51 pièces coloriées. Très belles épreuves.

551 — Scènes de société, — Mœurs parisiennes, quarante-deux pièces coloriées en 1 vol. in-fol. cartonné.

POILLY ET HABERT

552 — *Morin* (J.-B.), — *Foy-Vaillant* (J.), — *Morin* (J.-B.). Trois portraits in-fol. Belles épreuves.

FOILLY (EXCUDIT)

553 — *Cette beauté qui pour le chant*, — L'amour-propre. Deux pièces in-8 pour dessus de Tabatières. Belles épreuves, marges.

POLLET

554 — Le joueur de violon, d'après Raphaël. Superbe épreuve avant toute lettre, sur chine.

POMPADOUR (La marquise DE)

555 — Nymphes, Satyres et Amours, d'après Eisen, — Petite fille faisant des bulles de savon, d'après Boucher. Deux pièces gravées à l'eau-forte. Belles épreuves.

556 — Suite d'Estampes gravées par Madame la marquise de Pompadour, d'après les Pierres gravées de Guay, graveur du Roy, trente pièces. Très belles épreuves.

PONTIUS (PAUL) ET BOLSWERT

557 — Sebastianus Vrancx, — Marie de Médicis. Deux portraits d'après Van Dyck. Très belles épreuves.

PRUD'HON (d'après P.-P.)

558 — Phrosine et Mélidor, — En jouir, — Choisir l'objet, — L'enflammer. Suite de quatre pièces gravées par Prud'hon, Beisson et Copia, pour l'Art d'aimer. Superbes épreuves avant la lettre.

559 — Choisir l'objet, par Beisson. Très belle épreuve avant la lettre, marge.

560 — L'Enflammer, — L'Amour, — Cérès. Trois pièces gravées par Girard, Prud'hon fils et Beisson. Belles épreuves.

PRUD'HON (d'après P.-P.)

561 — Aminta, par Roger. Très belle épreuve, grande marge.

562 — Le Cruel rit des pleurs qu'il fait verser, — L'amour puni, — La vengeance de Cérès. Trois pièces gravées par Copia. Très belles épreuves avant la lettre.

563 — Le Désir, par A. Noël. Très belle épreuve. Rare.

564 — La Vierge, — Naufrage de Virginie, — Daphnis cherchant une cigalle, trois pièces par Girard, Roger et Schall.

565 — Les Saisons. Suite de quatre pièces lithographiées par J. Boilly.

566 — Le Triomphe de l'empereur, lithographie par Maurin. Épreuve avant la lettre, sur chine.

567 — Psyché et l'Amour, — La Richesse, — l'Etude, — Une pensée, La Toilette, — Joseph, — L'égratignure, — Le repentir. Huit pièces par Boilly, Aubry-le-Comte, etc.

568 — Le Réveil, — Le Sommeil, — La Volupté, — La Justice et la Vengeance divine poursuivant le crime, — Plafond de Diane au Louvre. Six pièces par Boilly, Marin-Lavigne, Aubry-le-Comte, Flameng, etc.

PRUD'HON ET GÉRARD (d'après)

569 — Vignettes in-4, pour Daphnis et Chloë, Psyché, l'Enéïde, les Georgiques, etc. Cinquante-deux pièces, beaucoup sont avant la lettre.

QUENEDEY

570 — *Cherubini*, — P. *Gaveaux*. Deux portraits in-4. Belles épreuves.

QUEVERDO

571 — *Rousseau* (J.-J.). In-8, terminé par Massol. Belle épreuve.

RAGOT ET LUIKEN

572 — Pièces satiriques et sujets historiques hollandais.

RAIMONDI

573 — La Bacchanale (B. 249). Très belle épreuve, doublée.

574 — Le Quos Ego (B. 352). Belle épreuve.

RAMBERG

575 — Les Lunettes, — Le Rossignol. Deux pièces en travers. Superbes épreuves. Rares.

576 — Le Rossignol. Superbe épreuve.

577 — Le Poirier, — Le Villageois qui cherche son veau. Deux pièces. Très belles épreuves. Rares.

578 — Marché d'Esclaves. Belle épreuve imprimée en bistre.

RAPHAEL (d'après)

579 — Les loges du Vatican. Dix-neuf pièces.

REMBRANDT

580 — Portrait de Rembrandt à bonnet et robe fourrée (B. 14), — Portrait de Rembrandt à cheveux courts et frisés (B. 26). Deux pièces.

581 — Rembrandt et sa femme (B. 19), — Portrait de Rembrandt au bonnet orné d'une plume (B. 20). Deux pièces. Belles épreuves.

582 — Les mêmes estampes. Belles épreuves.

583 — Portrait de Rembrandt à cheveux courts et frisés (B. 19). Deux pièces.

584 — Joseph racontant ses songes devant sa famille (B. 37), — La Nativité (B. 45), — Le Dessinateur d'après le modèle. Trois pièces.

585 — La Circoncision (B. 48). Très belle épreuve.

586 — Synagogue des Juifs (B. 126). Très belle épreuve.

587 — Wtenbogardus (B. 279). Très belle épreuve.

588 — Griffonnements, où se voit la tête de Rembrandt. (B. 363). Belle épreuve.

REMBRANDT

589 — Joseph et Putiphar, — Retour de l'enfant prodigue, — Le vendeur de mort aux rats, — Wtenbogardus, — Le Paysage aux trois arbres, etc., etc. Dix-huit pièces, originaux et copies.

REMBRANDT (d'après)

590 — Portraits, sujets de l'ancien et du nouveau Testament par divers graveurs. Vingt-deux pièces.

RENARD-DUBOS

591 — Le Lapin Angola, — Le Pigeon, — *Ce chat qu'entre ses bras la jeune Iris captive*, — Vénus et l'Amour. Cinq pièces d'après Rosalba, Robert, etc. Deux sont avant la lettre.

RIBERA (Joseph)

592 — Martyr de saint Barthélemy (B. 6.). Très belle épreuve.

RIEPENH

593 — Habillements à la mode. Vingt pièces gravées à l'eauforte. Rares.

ROBERDAY

594 — Essais de tabatières à l'usage des graveurs et ciseleurs, 1710, cahier de six feuilles. Très belles épreuves, grandes marges.

RODERMONT

595 — Portrait de Jean Second. (B. 79). Belle épreuve ; la marge du bas coupée.

ROTA (Martin)

596 — Le Jugement universel, d'après Michel-Ange (B. 28). Superbe épreuve du premier état, avant l'adresse de Lucae Guarinony.

ROUSSELET (E.)

597 — Les Sibylles, — Les Rois et reines de l'antiquité, d'après Vignon. Vingt pièces. Très belles épreuves, avec marge.

RUBENS (d'après)

598 — Des soldats faisant tapage, par Wyngaerde. Bonne épreuve.

599 — Hercule tuant le lion, par Wyngaerde. Deux épreuves, dont une très rare, avant le ciel terminé.

600 — La Vieille à la chandelle, gravée par le maître et terminée par Vorsterman, — l'Effet singulier, par Basan, d'après Rubens. Deux pièces.

RUGENDAS

601 — Sujets militaires. Dix-neuf pièces gravées à l'eau-forte ou fac-simile de dessins. Très belles épreuves.

RUOTTE

602 — Mozin (B.), membre de la Société académique des Enfans d'Apollon, d'après Dumont. In-8. Belle épreuve.

SADELER (J.)

603 — Sujets de l'Ancien et du Nouveau Testament, d'après Martin de Vos et autres. Cinquante-quatre pièces en 1 vol. in-fol. cartonné.

SAENREDAM

604 — Les cinq sens de nature, d'après Goltzius (B., 95, 99). Superbes épreuves.

SAINT-AUBIN (AUG. DE)

605 — *Le Kain*, célèbre acteur, d'après Le Noir. In-fol. Très belle épreuve, avant la lettre.

606 — *Renouard* (la famille), représentée sur une même feuille (E. B., 235). Très belle épreuve sur chine, marge.

SALMENCIO (André)

607 — *Vesal* (André). In-4. Belle épreuve.

SALVATOR ROSA

608 — Exercices militaires. Cent quarante-six pièces.

SARRABAT (J.)

609 — Rabelais (François). (R. D., 27). Deux épreuves, avec
différence dans le titre.

• SART (Du) (Corneille)

610 — La Ventouse (B., 12). Superbe épreuve.

SART (Du), DIETRICY, TÉNIERS, etc

611 — Le Chirurgien de village, — Le Dentiste, — Le Charlatan, etc.

SART (Du) et BARGAS

612 — La Fête de village, — La Porte d'auberge, d'après
P. Bout. Deux pièces. Belles épreuves.

SAVART (P.)

613 — *Rabelais* (François), d'après Sarrabat. In-8. Très belle
épreuve, marge.

SCHAUEFELEIN (Hans)

614 — Loth et ses filles (B., 4). Très belle épreuve.

615 — L'Ecce homo. Belle épreuve.

SCHENCK (P.)

616 — *Beaulieu* (frère Jacques de), surnommé l'hermite, opérateur fameux et gratis, natif de Bourgogne, âgé de
48 ans. Deux portraits différents. In-4. Belles épreuves.

SCHENKER

617 — Belmont (Mme), dans le rôle de Fanchon la Vielleuse, d'après De la Place. Épreuve avant la lettre, marge.

SCHMIDT (G.-F.)

618 — Portrait d'une dame appelée la princesse d'Orange, d'après Rembrandt. Belle épreuve.

619 — *Silva* (Jean-Baptiste), régent de la faculté de médecine de Paris, d'après Rigaud. In-fol. Très belle épreuve.

SCHUPPEN (P. Van)

620 — *Le Tellier* (Ch. M.), d'après Lefebvre. — *Voyusius* (J.), d'après Loir. Deux portraits. Belles épreuves.

SELLIER

621 — Décoration d'un port de mer pour l'Opéra, d'après Fouré. Belle épreuve.

SILVESTRE (Israel)

622 — L'Archevêché (79), — La Bastille (82, 3 et 4), — Bernardins (83), — Le Châtelet (88), — L'Hôtel Saint-Paul (104). Six pièces. Très belles épreuves.

623 — Hôtel de Ville (108, 1 et 2), — Le Louvre (115, 3, 4, 7, 8), — Le Luxembourg (117, 5, 6, 7, 10). Dix pièces. Très belles épreuves.

624 — Maison de M. de Bretonvillier (119, 1), — Le Pont-Saint-Landry (133), — Quai des Augustins (140), — Saint-Martin-des-Champs (152), — Saint-Victor (155), — La Sorbonne (157, 1, 4), — Le Temple 158, 2), — La Tour de Nesle (159, 2). Neuf pièces. Très belles épreuves.

625 — La Tour de Nesle (159, 2), — Les Tuileries (161, 11, 12, 13, 14 et 15). Six pièces. Très belles épreuves.

626 — Le Pont-Saint-Landry, — Les Châteaux de Coulommiers, de Verneuil, Coffry, etc. Huit pièces.

SOLDINI (d'après L.-D.)

627 — Le Berger avec son oiseau. — La Bergère avec sa flûte.
Deux pièces gravées par A. Duflos. Belles épreuves.

STAHL

628 — Costumes de femmes avec coiffures. Six pièces. In-8.
Belles épreuves. Rares.

STELLA (A.-B.)

629 — Frises, d'après Jules Romain. Vingt-cinq pièces en
1 vol. in-fol. mar. vert.

STRANGE (ROBERT)

630 — *Henriette-Marie*, reine de la Grande-Bretagne, d'après
Van Dyck. In-fol. Très belle épreuve.

SUAVIUS (LAMBERT SUTERMAN, dit)

631 — *Buonarroti* (Michel-Ange. In-4. Très belle épreuve.

SWANVELT (HERMAN)

632 — Paysages tirés de diverses suites. Neuf pièces. Belles
épreuves.

SWEBACH (d'après)

633 — Louis Napoléon, roi de Hollande, — Joseph Napoléon,
roi de Naples. Deux portraits in-8. en couleur, gravés
par Payen. Belles épreuves.

TESTA ET G. COURTOIS

634 — La Peste ou l'ensevelissement des morts (R. D., 1), —
Les sept sages de la Grèce discourant ensemble à table
(B, 18), — La Déesse Thétis plongeant le jeune Achille
dans un vase rempli d'eau du Stix (21), — La mort de
Caton d'Utique (20), — Achille traînant autour des murs
de Troye le corps d'Hector (22). Cinq pièces gravées à
l'eau-forte. Très belles épreuves.

TIEPOLO (J.-D.)

635 — Statues et sujets divers gravés à l'eau-forte, sur deux feuilles. Belles épreuves.

636 — Portraits de Vénitiens et études gravés à l'eau-forte. Quinze pièces.

TITIEN (d'après)

637 — *Guast* (Alphonse d'Avoles, marquis de) gravé par Natalis. Épreuve avant la lettre. Sujets tirés de la galerie de Teniers. Neuf pièces.

TRAVIÈS (C.-J.)

638 — Caricatures sur Monsieur Mayeux. Vingt pièces coloriées.

TRENTE (Antoine de)

639 — Le Martyre de saint Pierre et saint Paul, d'après le Parmesan (B., 28). Superbe épreuve du 1ᵉ état.

VANLOO (d'après C.)

640 — La Belle Jardinière (Mᵐᵉ de Pompadour), par Anselin. Superbe épreuve, avec marge.

VELDE (Jean Van de)

641 — La Sorcière. Belle épreuve.

642 — Paysage, — Marine, — Monuments en ruines, par Perelle. Six pièces.

VÉNITIEN (Augustin)

643 — Les Grimpeurs, d'après Michel-Ange (B., 423). Très belle épreuve de la copie en contre-partie.

VERNET (d'après C.)

644 — Les Ennuyés chez eux, intérieur du café Procope. Très belle épreuve avant la lettre, marge.

VERNET (d'après C.)

645 — Leçon de musique. Pièce non terminée. Épreuve avant la lettre, marge.

646 — Incroyables et merveilleuses. Deux pièces gravées au trait et publiées en nivôse, an XI. Épreuves avant la lettre.

647 — Modèle de congé militaire que l'on délivrait sous la République, gravé par Godefroy. Très belle épreuve, marge.

VERNET (d'après H.)

648 — Incroyables et merveilleuses. Quatorze pièces en couleur. Très belles épreuves.

VILLENEUVE et DEMONCHY (Chez)

649 — Bacchus, — Le Menuet. Deux pièces. Très belles épreuves.

VISSCHER (C.)

650 — Le Grand Chat endormi. Belle épreuve.

651 — Les Enfants à la souricière. Très belle épreuve, sans marge.

VISSCHER (Direction de C.)

652 — *Junius* (Adrien), médecin. In-fol. Très belle épreuve.

VISCHER (J. DE). HOGARTH. ETC.

653 — Triomphe de la fortune, — Le Prisonnier, — Le Grand Thomas en son Académie d'opération, — Le Grand chiffonnier-Critique du Salon de 1806, etc. Cinq pièces. Très belles épreuves.

VISPRÉ

654 — *Eon de Beaumont* (la chevalière d'). In-fol. en manièr noire. Très belle épreuve, marge.

VLIET (J.-G. Van)

655 — Saint Jérôme (B , 14), — Vendeur de chansons (B., 15). Deux pièces. Très belles épreuves.

656 — Vieille femme lisant, d'après Rembrandt (B., 18). Bonne épreuve.

657 — Buste d'homme, d'après Rembrandt (B., 19), — Homme affligé, d'après Rembrandt (B.. 22). Deux pièces. Superbes épreuves.

658 — Buste d'un oriental, d'après Rembrandt (B., 20), — Buste d'homme riant, d'après Rembrandt (B., 21), — Buste de vieillard, d'après Rembrandt (B , 23). Trois pièces. Très belles épreuves.

659 — L'Ouïe (B., 28), — L'Odorat (B., 29), — Le Toucher (B., 30), — L'Arracheur de dents (B., 53), etc. Cinq pièces. Très belles épreuves.

660 — Gueux ou Mendiants. Huit pièces.

VOS (d'après Cornelis de)

661 — Les Joueurs. Très belle épreuve.

VORSTERMAN (L.)

662 — *Maugis* (Claude), d'après Champagne. Belle épreuve.

WATSON (J.)

663 — *Pompadour* (la marquise de), d'après Boucher. In-4 en manière noire. Très belle épreuve.

664 — La même, gravée aussi par Watson, de plus petit format. Superbe épreuve, marge.

WATTEAU (Ant.)

665 — Figures de modes. Suite de sept pièces gravées à l'eau-forte, par Watteau et terminées par Thomassin; plus un titre, aussi par Thomassin. Huit pièces. Belles épreuves.

WATTEAU (Ant.)

666 — Six pièces doubles de la suite précédente en divers
états. Belles épreuves.

WATTEAU (d'après Ant.)

667 — Figures. françaises et comiques, nouvellement inven-
tées par Watteau. Onze pièces, dont un titre. Très belles
épreuves.

668 — Figures de différents caractères gravées à l'eau-forte,
d'après les dessins de Watteau. Dix-huit pièces.

669 — *Sous un habit de Mezetin*, par Thomassin, — *Pour
nous prouver que cette belle*, par L. Surugue. Deux pièces.
Belles épreuves. •

670 — L'Escarpolette, par Crépy, — La Voltigeuse, — Partie de chasse, par G. Scotin. Trois pièces arabesques.

671 — L'Été, par Huquier, — La Favorite de Flore, par
Moyreau, — L'Amusement, par Huquier. Trois pièces
arabesques. Belles épreuves.

672 — Les Jardins de Cythère, — Les Jardins de Bacchus, —
Le Temple de Neptune. Trois pièces gravées par Huquier.
Belles épreuves.

WIERIX

673 — *Maelson* (F.), médecin (A., 1968). Superbe épreuve
d'un premier état, non décrit, avant l'inscription dans la
marge. Très rare.

WILLE (J.-G.)

674 — *Chicoyneau* (F.), d'après Le Sueur. In-4. Belle épreuve.

675 — *Gouy* (Elisabeth de), d'après Rigaud. In-fol. Belle
épreuve.

676 — *Quesnay* (F.), d'après Chevallier, — *Levrat* (Cl.-N.),
d'après Thomiers. Deux portraits in-8. Belles épreuves.

WILLE (J.-G.)

677 — *Saint-Florentin* (Louis-Phelypeaux, comte de), d'après Tocqué. In-fol. Belle épreuve.

WILLE (d'après P.-A.)

678 — L'Écrivain publique, par Guttenberg. Belle épreuve.

WILLE et JEAURAT (d'après)

679 — L'Essai du corset, — La Place des Halles. Deux pièces gravées par Dennel et Aliamet.

ZEEMAN (R.)

680 — Vues de Paris et des environs. Cinq pièces. Très belles épreuves.

681 — Marines hollandaises. Cinq pièces. Très belles épreuves.

682 — Les Portes de ville d'Amsterdam (B., 119-126). Suite de huit pièces, dont nous n'avons que six. Très belles épreuves, avec marge.

683 — Sous ce numéro, il sera vendu par lots quelques portefeuilles d'estampes de toutes les écoles.

Typographie PILLET et DUMOULIN, rue des Grands-Augustins, 5, à Paris.